MW01027195

Tsunami

Tsunami

Vivian Abenshushan · Yásnaya Elena A. Gil
Verónica Gerber Bicecci · Margo Glantz
Jimena González · Gabriela Jauregui
Brenda Lozano · Daniela Rea
Cristina Rivera Garza · Yolanda Segura
Diana J. Torres · Sara Uribe

Edición y prólogo de Gabriela Jauregui

sextopiso

Creative Commons ⓒ
Yásnaya Elena A. Gil
Verónica Gerber Bicecci
Margo Glantz
Jimena González
Gabriela Jauregui
Brenda Lozano
Daniela Rea
Cristina Rivera Garza
Yolanda Segura
Sara Uribe
Vivian Abenshushan
Diana J. Torres

Imagen de portada
© Pia Camil, 2018

Reprografía páginas 43-54:
Elizabeth del Angel

Primera edición: 2018
Primera reimpresión: 2019
Segunda reimpresión: 2019

Copyright © Editorial Sexto Piso, S. A. de C. V., 2019
    América 109
    Colonia Parque San Andrés, Coyoacán
    04040, Ciudad de México, México

Sexto Piso España, S. L.
C/ Los Madrazo, 24, semisótano izquierda
28014, Madrid, España

www.sextopiso.com

Diseño y formación
donDani

ISBN: 978-84-17517-16-8

Impreso en México

ÍNDICE

PRÓLOGO:
DESDE NEPANTLA HABLAMOS
Gabriela Jauregui

9

DISOLUTAS (A ANTE CABE CON CONTRA)
LAS PEDAGOGÍAS DE LA CRUELDAD
vivian abenshushan [et al.]

13

LA SANGRE, LA LENGUA Y EL APELLIDO
Yásnaya Elena A. Gil

25

MUJERES POLILLA
Verónica Gerber Bicecci

41

APUNTES PARA UNA POSIBLE GENEALOGÍA
(ARQUEOLÓGICA) DE LOS *METOOS*
Margo Glantz

57

LAS OTRAS
Jimena González

79

HERRAMIENTAS DESOBEDIENTES
Gabriela Jauregui

87

NO ADÓNDE VA, SINO DE DÓNDE VIENE   101
Brenda Lozano

MIENTRAS LAS NIÑAS DUERMEN   119
Daniela Rea

LA PRIMERA PERSONA DEL PLURAL   159
Cristina Rivera Garza

OTRO MODO QUE NO SE LLAME   175
Yolanda Segura

MEDALLA O ESTIGMA   187
Diana J. Torres

SOLAS   197
Sara Uribe

DESDE NEPANTLA HABLAMOS

Me siento profundamente agradecida con todas las mujeres que participaron en esta antología. Todas fueron generosas con su tiempo, y sobre todo con su quehacer, su forma de pensar y escribir, y cada texto que aquí se incluye lo demuestra de formas diferentes. Me siento honrada de estar aquí rodeada de mujeres valientes. No hace falta que les cuente sus muchas formas de serlo, al leer sus textos se darán cuenta de la potencia de cada una de ellas. Todas indagan de formas personalísimas, a veces enormemente liberadoras, a veces profundamente dolorosas, en nuestra «condición» y lo que se revela es que no es una, sino muchas, que no es siempre compartida, aunque hay aspectos que sí lo son a través de las edades, a través del género asignado o escogido, la orientación sexual, los cuerpos distintos, el color de nuestra piel.

Si antes se unificaban los pensamientos de las mujeres feministas en las llamadas olas (primera, segunda, tercera, etc.), aquí hay mujeres de varias generaciones, formas de pensar, ocupaciones y, no obstante, el sentimiento es que, en estos tiempos, nuestras voces se suman en *crescendo* hasta que ola tras ola más bien se crea un verdadero tsunami. A la vez, cada voz en esta antología explora distintas facetas del ser mujer (y todo lo que esto puede significar corporal, material e ideológicamente) de forma singular. A través de estos textos esa palabra cambia, se busca pensar nuestra representación —o la falta de ella—, las definiciones y etiquetas que nos son impuestas, se trazan la violencia histórica y cultural a través de los tiempos y los países, pero también delineamos nuestras resistencias.

Desde las exploraciones de la opresión, el racismo aunado al sexismo, el silencio y las excavaciones de las violencias machistas, hasta el repensar la posición de víctima, redefinir lo que significa ser madre y ser hija, o imaginar cómo retejer vínculos a través de comunidades diversas, a través de herramientas como la palabra, los textos aquí reunidos nos llevan a cuestionar las nomenclaturas de la exclusión y nuestras propias afinidades o etiquetas. En un momento donde la visibilización se ha vuelto una obsesión, se busca hablar incluso de que a veces el no ser vista puede ser la mejor forma de ser libre. En un momento histórico de denuncia de violencias (con iniciativas o movimientos como #MiPrimerAcoso #MeToo y #TimesUp), también se busca pensar cómo no hacer que estos momentos se puedan a su vez volver esencialistas. Y, siempre en medio, la palabra como herramienta política. Sus riesgos. La palabra, volvemos siempre a la palabra. Las mujeres de esta antología nos definimos de formas diferentes, y venimos de mundos diversos, aunque todas nos reunimos en torno a la palabra: el resultado son textos que hablan de formas distintas de cosas que nos competen a todas.

Acá no se encontrará unidad forzada ni consenso: hay puntos de vista encontrados, también hay momentos donde concuerdan lecturas, interpretaciones, hay experiencias compartidas, donde se tejen vínculos intertextuales y cada una de nosotras tiene una forma de vivir e incluso cuestionar lo que puede querer decir el ser mujer. Sí hay experiencias en común también y queda claro que todas cuestionamos esa trillada idea de la igualdad, que lo único que nos propone es que estemos igualmente jodidas bajo el sistema actual. Es decir, que ninguna de nosotras está en busca tampoco de borrar las diferencias, ni que éstas se integren a un sistema capitalista de muerte. Al contrario, creo que todas estamos intentando reflexionar a partir del momento de guerra que atravesamos, desde ese espacio liminal, entre la vida y la muerte, entre el silencio y el habla, entre mundos. Somos, en las palabras de la gran poeta y artista chicana Gloria Anzaldúa, «nepantleras», porque, «asocio Nepantla con estados de la mente que cuestionan ideas u creencias viejas, que adquieren perspectivas nuevas, que cambian visiones de mundo y se mueven entre un mundo y otro […] cuando viajamos de la identidad actual hacia una nueva identidad». Así estamos: fronterizas. En el límite. Mujeres, al borde. Y nos echamos el clavado.

Como ya dije, estoy agradecida con cada una de las participantes, y con la artista de la portada, quien también colaboró pensando en nuestro libro específicamente, pues son una inspiración y una invitación a pensar mejor, con mayor cuidado e inteligencia, con más corazón. No sé si todas las que estamos aquí dentro nos nombramos feministas. Creo que, como lo apunta Yásnaya A. Gil, muchas tenemos relaciones variables ante esa palabra, ante sus historias y lo que puede representar en distintos contextos. Lo que sí es que todas buscamos llevar el pensamiento más allá de las condiciones presentes a través de la escritura y la reflexión, a través del análisis y la imaginación.

GABRIELA JAUREGUI

Ciudad de México, septiembre de 2018

DISOLUTAS (A ANTE CABE CON CONTRA) LAS PEDAGOGÍAS DE LA CRUELDAD

VIVIAN ABENSHUSHAN [ET AL.]

VIVIAN ABENSHUSHAN (Ciudad de México, 1972) es escritora y agente cultural independiente. Su práctica individual y colectiva se ha centrado en la exploración de estrategias estéticas que confronten los procesos del capitalismo contemporáneo y sus estructuras de producción cultural, así como las relaciones entre arte y acción política, procesos colaborativos, cruces entre disciplinas y prácticas experimentales en la escritura. Su libro más reciente es *Escritos para desocupados*, publicado por Surplus Ediciones bajo una licencia *copyleft* que alienta su reproducción y descarga libre en línea. Es cofundadora de la cooperativa Tumbona Ediciones y de la colectiva Disolutas. Desde 1998 imparte, dentro y fuera del país, laboratorios de escrituras extendidas a través de pedagogías que provienen tanto del arte como de otras prácticas desescolarizadas. Actualmente trabaja en el proyecto *Permanente Obra Negra*, un dispositivo textual fundado en la copia, la reescritura, el montaje de citas y la socialización de esas herramientas.

En la obra La letra con sangre entra *o* Escena de escuela, *el pintor Francisco de Goya describe el sistema educativo de su época: el maestro aparece sentado a la izquierda con un perro a sus pies, mientras azota a un alumno inclinado, con las nalgas al aire, para recibir el castigo.*

Es probable que el tutor o tallerista (o alguno de los jóvenes escritores sentados a su alrededor) respingue ante un texto atravesado por múltiples epígrafes fuera de lugar. Son demasiados, dice el primero; son reiterativos, argumenta el segundo. Rehúyen la originalidad, agregan a coro los terceros (en realidad, estos jóvenes son tímidos, pero se han envalentonado frente a la víctima sacrificial). La joven escritora (*la jovencita*, la apodan todos) no ha podido seguir leyendo en voz alta su texto. Es el primero que lleva a la sesión (o ritual de desollamiento) y será probablemente el último. Ella intenta continuar, pero la han intimidado, el entusiasmo decae. ¿Qué hago aquí?, se preguntará cuando llegue, con dificultad, a la última línea y reciba el veredicto. Esto no es un ensayo, dice el primero. Esto no es literatura, argumenta el segundo. Te falta rigor, hilación, ¡voz propia!, cantan los terceros... La escritura ha pasado por el tribunal. Ella es la acusada. ¿Cuál es su crimen? No escribir bien. No corregir lo suficiente. No respetar las convenciones. Sobre todo: no soportar virilmente la crítica. ¿Cómo alcanzará, si no es así, la calidad literaria? ¿Cómo dejará a un lado esos balbuceos, ese revoltijo, si no se somete al escrutinio de las voces autorizadas? (*Someter*, dice Cristina Rivera Garza, es uno de los verbos que deberían dejar de conjugarse, en todas sus acepciones, cuando se trata de leer textos propios y ajenos en un taller.) Uno de los jóvenes escritores se atreve a decir lo que el tutor ya espera que diga (es la frase de su titulación pronunciada en sociedad): dedícate a otra cosa. La *jovencita* intenta no llorar. Acaso lo logre o lo posponga. Acaso vuelva la próxima semana convertida en otra. Quizá incorpore los comentarios, quizá haga suya la crueldad y, en el futuro, cuando ella misma se convierta en tallerista o tutora (a fuerza de engrosar su propia piel en cenas caníbales, juegos de ingenio, premios literarios y otras formas de competencia), se alce como nueva autoridad frente a otras *jovencitas* y las oprima. Pero también es probable que decida no hacerlo.

> *Refinar, perfeccionar, depurar. ¿Pero no tienen estos verbos, que se usan con tanta frecuencia para describir lo que se hace en un taller de creación literaria, ese tufillo más bien amedrentador, cuando no sadomasoquista, de las más diversas purgas autoritarias?*
>
> CRISTINA RIVERA GARZA

Me pregunto si existe una estructura profunda detrás del episodio de la *jovencita*. ¿Qué significa ese uso extendido de la saña en un espacio de aprendizaje? ¿A qué obedece? ¿Qué estrategia tiene? Adelanto una hipótesis: el taller literario, una institución con más de cincuenta años de existencia en México y practicada en todo el orbe, opera menos como un espacio de diálogo o trasmisión de saberes, que como la escuela que produce (y reproduce) el sistema literario como orden patriarcal. No se trata aquí de hacer una crítica de esa forma legítima de trabajo, gracias a la cual, los escritores pueden generar algún ingreso garantizado en medio de la precariedad general del gremio, sino de desnudar sus estructuras, muchas veces perversas, a través de las cuales se normaliza el alfabeto de la humillación indispensable para bregar en la selva del mercado editorial, además de estabilizar las jerarquías no sólo de ciertos autores, sino de los géneros literarios y sus convenciones monolíticas. En tanto forma de poder (aunque se trate de un micro poder), el taller literario *enseña a escribir*, ni más ni menos, y desde ahí vigila y gestiona el buen funcionamiento de la fábrica literaria. ¿Quieres ser escritor? ¡Demuéstramelo! Su pedagogía no es sólo técnica, sino política, porque establece fronteras sensibles, indicando qué subjetividades valen y qué otras no. Se constituye como criba, como aduana, como rito de paso, al que no sobreviven las prácticas amenazantes, desestabilizadoras o, si se quiere, experimentales. De ese modo, los expertos de la sensibilidad humana (los tutores) se arrogan toda competencia, en tanto figuras de autoridad, sobre lo que sus discípulos tienen de más íntimo: su deseo y su lenguaje. No hay forma más sutil y penetrante para implantar un control que moldeando al ser sensible que se expresa, ahí, a través de las palabras. Cuando los talleristas de narrativa insisten en la *eficacia* y la *solvencia* de la trama, todo un orden económico e ideológico se introduce en el lenguaje como señal de legibilidad, es decir, de éxito. Lo oscuro, lo deforme, lo marginal, serán interpretados, entonces, como formas del fracaso. Mientras aprenden a leer lo que hacen en el proceso de escribir, los participantes del taller reciben en realidad otro tipo de entrenamiento: la obligación de potencia. Un buen cuento vence por *knock out*, ¿no es cierto? Un golpe certero. Un tiro al blanco. El léxico marcial, del que habla Rivera Garza en *Los muertos indóciles*, cuando reflexiona sobre la necesidad de transformar las pedagogías de los talleres de creación, así lo indica: corregir, disciplinarse, cercenar. Cada vez que el tallerista (también conocido como Mi General) conjuga esos verbos con sus llamados al orden, transmite un oficio cuya preceptiva se parece más al de la milicia que al de la escritura.

Y la guerra, como sabemos, es un orden político, social y territorial dominado por el mandato masculino.

> *Si el acto violento es entendido como mensaje, nos encontramos con una escena donde los actos de violencia se comportan como una lengua capaz de funcionar eficazmente para los entendidos, los avisados, los que la hablan, aun cuando no participen directamente en la acción enunciativa. Es por eso que, cuando un sistema de comunicación con un alfabeto violento se instala, es muy difícil desinstalarlo, eliminarlo.*
>
> RITA SEGATO

Si eres mujer y te interesa escribir, este dato te incumbe. Hay algo muy especial (una agenda oculta) que el taller de creación cuida con un celo extraordinario: la perpetuación del régimen de género vigente, donde las voces de las mujeres y otras disidencias sexuales se inician con un silenciamiento. El taller literario es sexista. Transmite indeleblemente el mensaje de que las mujeres son bienvenidas (estamos en el siglo xxi), pero no serán escuchadas. De hecho, las escritoras en ciernes que asisten a estos espacios se convierten, con una frecuencia inaceptable, en las voces agredidas de manera ejemplar, como si a través del escarnio o descalificación de sus escrituras, muchas veces «deshilvanadas» o «demasiado personales», se transmitiera un mensaje. ¿A quién está dirigido? ¿Qué dice esa agresión? Desde su ensayo *Las estructuras elementales de la violencia* (2003) hasta *La escritura en el cuerpo de las mujeres asesinadas en Ciudad Juárez* (2013), la antropóloga y feminista argentina Rita Segato se ha dedicado a pensar y ubicar políticamente la violencia contra las mujeres latinoamericanas. Uno de sus conceptos centrales es el de las *pedagogías de la crueldad*: una serie de rituales de paso o pruebas de masculinidad destinadas a reafirmar la posición social dominante de los hombres.

Estos exámenes de potencia, dice Segato, se desarrollan bajo la mirada de otros varones, porque la masculinidad es un estatus que debe ser validado por quienes ya tienen esa posición. Es la pedagogía que se practica en los burdeles o el ejército, en la mafia o el narcotráfico, escuelas de la desensibilización, donde se aprende a engrosar la piel, o peor aún, a gozar con el sufrimiento del otro. Se trata también de una economía simbólica que permite ver lo humano (el ser sensible) convertido en cosa. Cosa para el consumo carnal, para la compra-venta de órganos, para la guerra. Sin esa didáctica de desacoplamiento frente al mundo, la corporación neoliberal sería impensable. Lo que sucede hoy a las mujeres, los migrantes, los niños, los ríos y los territorios, no puede desvincularse de este momento de despojo generalizado que es la culminación del proyecto histórico del capital. Digo corporación también en el sentido que ha pensado Segato: como alianza masculina fuertemente jerarquizada que se consolida a través de una *víctima sacrificial*: ese ser humano convertido en cosa, esa mujer convertida en objeto de la violencia. La corporación masculina (fundada en la lealtad suprema a sí misma) es lo opuesto a la comunidad (fundada en el vínculo). Su código intocable, como en la *omertá* de la mafia, es el pacto de silencio. Quien denuncia o quien se conmueve es objeto de sospecha. También lo es quien desacata el mandato masculino: ya sean los homosexuales o las mujeres cuando se presentan gozosas, sin necesidad de tutor o patrón. Como los varones deben demostrar que merecen pertenecer a esa corporación, la exhibición de sus capacidades de vileza es constante. Se trata entonces de una *violencia expresiva*, dice Segato: una violencia que moraliza (o castiga) a las mujeres, produciendo reglas implícitas, a través de las cuales circulan consignas de poder (no legales, no evidentes, pero sí efectivas). La mujer como cuerpo donde se inscribe una misiva, un tapiz para lanzar un mensaje de poder. Es el sometimiento de la sociedad entera a los espectáculos de crueldad.

Cómo ser un gran escritor

Tienes que cogerte a muchas mujeres,
bellas mujeres,
y escribir unos pocos poemas de amor decentes
y no te preocupes por la edad
y los nuevos talentos.
Sólo toma más cerveza, más y más cerveza.
Anda al hipódromo por lo menos una vez
a la semana
y gana
si es posible.

Charles Bukowski

¿Si trasladáramos las pedagogías de la crueldad del ejército al sistema literario, qué encontramos? Que ser un buen escritor es «cogerse a muchas mujeres». El mandato de masculinidad cristalizado en forma de poema. Autorreferencial, agregaría Segato, narcisista, incapaz de amar a otro. «Si tienes capacidad de amar / ámate a ti mismo primero». Así, el escritor, aunque sensible, también cultiva su fiereza: «Agarra una buena máquina de escribir y dale duro a esa cosa, dale duro. / Haz de eso una pelea de peso pesado. / Haz como el toro en la primera embestida». Este tipo de lenguaje se ha naturalizado en el sistema patriarcal de la literatura al grado que pasa a comportarse casi con automatismo. El mensaje es transparente: el sistema de dominación masculina permanece intacto. ¿Y si alguien se atreve a señalarlo? ¡Feminazi! O incluso, ¡que le corten la lengua! Pero volviendo a nuestro tema (me deshilacho): el taller literario también tiene sus historias de amor, quiero decir, sus historias de acoso, besos sin consentimientos y abuso sexual. Un ejemplo visible: más de veinte mujeres han denunciado recientemente al director de teatro y maestro de la Escuela de Escritores Sogem, Felipe Oliva Alvarado, por violación, hostigamiento y violencia psicológica, bajo la consigna pedagógica de que todo eso formaba «parte del ejercicio teatral». Este caso constituye una violencia institucionalizada de la que, por fin, hoy se habla. Hemos entendido que el desmontaje de la crueldad comienza por romper el pacto de silencio (y el respeto al miedo). O como dice Audre Lorde: no es que hayamos dejado de tener miedo, sino que aprendimos a controlarlo.

> *Una de las historias de las* Metamorfosis *narra la violación de una princesa joven, Filomena. Para prevenir una denuncia, el violador simplemente le corta la lengua… Ovidio puede haber silenciado a sus mujeres a través de transformaciones o mutilaciones, pero también sugirió que la comunicación trascendía la voz humana y que las mujeres no podían ser silenciadas tan fácilmente. Filomena perdió su lengua, pero aun así encontró la forma de denunciar a su violador al tejer su nombre en un tapiz.*
>
> MARY BEARD

Hay otros abusos insospechados que recorren todo el espectro de la institución literaria, dentro y fuera del taller, en editoriales, encuentros de escritores, conversaciones de cantina, colegios nacionales. Es el poder que decide quién publica y quién no, quién ostenta, entonces, una voz pública. En el 2015, el proyecto #RopaSucia de Maricela Guerrero, Paula Abramo y Xitlálitl Rodríguez, fue pensado como un hashtag (y luego como una instalación) que recogía experiencias de misoginia, exclusión y otro tipo de prácticas que silencian o invisibilizan el trabajo hecho por mujeres en el mundo de la cultura. La metáfora del tejido no es casual: #RopaSucia es el tapiz de Filomena. Si alguien pensaba que la hegemonía masculina no se encontraba en los medios ilustrados, medios donde las mujeres han abierto espacios de interlocución y presencia, se equivocaba. En muy poco tiempo, más de quince mil mensajes hacían eco de la convocatoria. «Como no eres puta ni amable ni guapa, no te va quedar otra que escribir bien, si quieres hacer carrera literaria». «El ensayo está tan bien hecho que parece que lo hizo un hombre». «Entendemos que tienes un hijo, por eso a lo mejor esta beca no es para ti». «Yo no discuto con mujeres». Agrego una frase ejemplar de mi propio anecdotario. Sucedió en Argentina, otro país con una ola creciente de feminicidios, donde también se cuecen habas (o misoginias literarias). Mientras mi pareja y yo tomábamos un café con el editor de la Bestia Equilátera, el señor dijo: «Así que tú eres Sylvia Plath, la que cuida a los niños, y él Ted Hughes, el que escribe». El momento de autoanálisis también me deja a la intemperie y, por eso, no quisiera dejar de testimoniar aquí mis propios mandatos incorporados. Durante muchos años, para sobrevivir en el medio masculinizado de la literatura, adopté modales rudos. Una voz argumentativa y a veces rabiosa, una voz andrógina, dentro y fuera de la página. Más que sentido del humor, cultivé el sarcasmo y la mordacidad para no morir en las cenas caníbales, uno de los rituales de socialización típicos del gremio. Me gané de ese modo el respeto de los hombres que discutían conmigo, a veces con un poco de temor. «Eres implacable», decían. Así, severa y exigente, fui alguna vez con mis becarios del Fonca, un lugar de torturas y demostraciones de poder que necesitamos confrontar si es que no deseamos reproducir ese sistema de comunicación dominante que nos sigue situando a las mujeres en lugares de vulnerabilidad. Lo hice demasiado tiempo hasta que, como señala Mary Beard en su ensayo *La voz pública de las mujeres*, me cansé de impostar la voz y herir a otros para defenderme. Aquello se me volvió políticamente insostenible.

Mujer artista no es más que una disoluta.
GUSTAVE FLAUBERT

No es lo mismo escribir de nosotras que con nosotras.
LOHANA BERKINS

En marzo del 2017, un grupo de mujeres organizadas alrededor de un círculo de lecturas feministas me invitó a dar un taller de creación literaria en Oaxaca. Les propuse abrir no un taller, sino un espacio común entre mujeres donde exploraríamos prácticas colaborativas y experimentales en la escritura. Las tres sesiones fueron desbordantes y entusiastas. Nunca antes, por mis propios prejuicios, había dado un laboratorio con «perspectiva de género». El giro fue revelador: una nueva potencia germinaba ahí para interrogarme con toda su fuerza. ¿Qué aprendí en ese primer momento? Que se trataba sobre todo de un territorio político y que su política central consistía en enfrentar las pedagogías de la crueldad a través de vínculos afectivos, comunitarios, verbales, corporales y usando todos los medios a nuestro alcance. Cuando regresé a la Ciudad de México, decidí proseguir la experiencia y convocamos a la Disoluta, un laboratorio de otras escrituras que era también, por supuesto, un espacio *entre mujeres*. ¿Por qué decidieron estar aquí?, pregunto siempre al comenzar las sesiones. Las respuestas son abrumadoras: por el hartazgo frente al menosprecio padecido en otros talleres, un sentimiento de incomprensión y constreñimiento, testimonios más graves sobre violencia y acoso, la búsqueda de *espacios seguros* de interlocución y estudio colaborativo, la exploración de prácticas no autorizadas, inapropiadas, de escritura. Pero quizá la preocupación que escucho con más insistencia es el deseo común de enfrentar las diversas expresiones de violencia que hoy se inscriben en el cuerpo de las mujeres. Además de un lugar de creación colectiva, la Disoluta se convirtió en un espacio terapéutico (¡horror de horrores!), donde nunca de los nuncas se conjuga el verbo *tallerear*. Preferimos reescribir, recontextualizar, reconstruir, reorganizar, habitar, ocupar, cuidar, copiar, resituar, nombrar. Una parte del laboratorio ya ha mutado en colectiva y se autogestiona de forma horizontal. A él han asistido guionistas, biólogas, pedagogas, promotoras de lectura, traductoras, editoras, cineastas, feministas, transfeministas, bisexuales, ex artistas, ex escritoras, lingüistas y estudiantes de muchos otros campos que encontraron finalmente un lugar legítimo donde escribir, sin la intención de ser reclutadas por la literatura. Si algo me anima a hablar de este espacio aquí es el hecho de haber encontrado en él una incontenible fuerza de invención contraria a las gramáticas denigrantes del taller literario. Quebrar esa gramática comienza, para mí, para nosotras, en desautorizarme, es decir, en convertirme sólo en un catalizador a través de la cual se socializan muchos saberes y conversaciones. Desautorizarse es un trabajo arduo y cotidiano e implica renunciar a cierto ímpetu, ciertas ansias de notoriedad. Significa que nuestra voz sea una voz a lado de otras. No la voz cantante. No la voz que embiste. Nuestros vínculos son, por eso, muy distintos a los de la mafia: nadie tiene que demostrar nada. Ni elocuencia ni superioridad ni miedo. Para escribir no deseamos curtirnos. Tampoco somos autoindulgentes. Nos escuchamos unas a otras con atención porque cada palabra nos parece necesaria. Cuchicheamos, hacemos ruido, nos reímos a carcajadas. Y escribimos juntas. Porque uno de los mitos literarios que se han instaurado desde el patriarcado, es decir, desde el capital, es el mito de la propiedad y su primogénito intelectual: el autor. Cuando hablamos de otras formas de escritura queremos decir también: otras formas de hacer mundo. Escrituras de la presencia, escrituras de la situación, escrituras donde lo personal es político porque nos implica a todas. La Disoluta no es, por fortuna, única y mucho menos imperecedera. Es un grupo entre los grupos (¡una grupa entre incontables grupas!), lo cual significa que se inscribe en una corriente que la acompaña y excede: todos esos espacios, colectivas, foros, editoriales y movimientos encabezados por mujeres y otras disidencias que se implican, llenas de rabia y de ternura, para desafiar las violencias instituidas y las fábricas de muerte. Con lo cual llego al final de este revoltijo sólo para decir algo más. Un fantasma recorre la escritura del siglo XXI: el fantasma de la cuarta ola feminista.

24

LA SANGRE, LA LENGUA Y EL APELLIDO
Mujeres indígenas y Estados nacionales

Yásnaya Elena A. Gil

Yásnaya Elena A. Gil (Ayutla Mixe, 1981) forma parte del colmix, un colectivo de jóvenes mixes que realiza actividades de investigación y difusión de la lengua, historia y cultura mixe. Estudió Lengua y Literaturas Hispánicas y cursó la Maestría en Lingüística en la unam. Ha colaborado en diversos proyectos sobre divulgación de la diversidad lingüística, se ha involucrado en el activismo para la defensa de los derechos lingüísticos de los hablantes de lenguas indígenas y ha realizado diversos trabajos de traducción literaria a su lengua materna, el ayuujk. Ha escrito también sobre identidad y sobre diferentes aspectos relacionados con los pueblos indígenas.

PALABRAS COMO PREGUNTAS

Aprender una segunda lengua es un proceso inacabable, como el proceso mismo de adquisición de nuestra lengua materna. Aún sigo adquiriendo léxico en mixe, mi primera lengua, elementos léxicos que a primeras luces me parecen extraños pero que iluminan un campo de la cognición y del mundo que antes me permanecían sombreados por inefables. Lo mismo sucede con los hablantes nativos del castellano, o ¿hay alguien que hablando esta lengua tenga en su inventario mental todas, absolutamente todas, las palabras existentes de este idioma? En contextos coloniales y racistas, el aprendizaje de una segunda lengua hegemónica tiene implicaciones complejas en el proceso identitario de las personas, el aprendizaje de determinadas palabras de ese idioma plantea retos más allá de aprender la pronunciación adecuada o el manejo de su significado elemental.

Ciertas palabras del castellano siempre se erigieron ante mí como preguntas abiertas sobre mi posición respecto de ellas, sobre mi identidad tejida en una nueva red léxica y sus implicaciones. «Indígena» y «feminismo» han sido dos palabras que, aun después de aprender suficiente sobre su significado como para no confundirlas con otras, seguían apareciendo siempre como elementos léxicos incómodos: no sabía cómo posicionarme con respecto de ellos, de lo que significaban y del entramado social en el que estaban imbuidos. Su aparición constante, muy a mi pesar, era un recordatorio de que mi relación no estaba resuelta.

En muchas de las lenguas indígenas, como en el caso de mi lengua materna, la palabra «indígena» no tiene un equivalente, los elementos léxicos con respecto de otro colectivo se configuran mediante otra diferencia: ser mixe y no serlo; ser ayuujk jä'äy o ser akäts. La extensión de la palabra akäts cubre entonces el continuo diverso de no ser mixe y todo el universo de personas, muchas veces contrastantes, que no lo son: una persona indígena sami de Noruega, una persona zapoteca o una canadiense angloparlante son akäts por igual, no mixes. Haber crecido en una época y en un lugar donde el castellano no tenía un papel fundamental, en una comunidad rodeada de otras comunidades mixes y zapotecas, hacía que la palabra «indígena» no llegara ser más que un elemento léxico pronunciado por algún funcionario en alguna visita oficial. Hasta que llegué a la ciudad fue que, sin pretenderlo, me volví «indígena» y tuve que plantarme ante esa palabra. Narro, cada que tengo oportunidad, cómo es que, ante una pregunta expresa, mi abuela, hablante de mixe, negó ser indígena: soy mixe, no indígena. Esa palabra no se manifestaba ante ella, inquiriéndola, en una lengua que no habla.

Desde mi rechazo inicial a ser catalogada como indígena y de mi negación a usarla ha pasado tiempo. Ahora me relaciono con ella de una manera distinta, pero es innegable que la construcción de esta relación fue difícil. Entiendo «indígena» como una palabra que nombra a naciones, personas y comunidades que sufrieron procesos de colonización y que además en los procesos de conformación de los Estados nacionales modernos, las naciones indígenas quedaron por fuerza dentro de estas entidades jurídicas; estos Estados han combatido su existencia y se relacionan con ellos mediante la opresión. Los pueblos indígenas son naciones sin Estado. Entiendo ahora que la palabra «indígena» nombra una categoría política, no una categoría cultural ni racial (aunque sí racializada). Entendí también que no bastaba con negar y dejar de usar la palabra «indígena» para que la categoría dejara de operar sobre mí. Me di cuenta de que es posible usarla como herramienta política para subvertir las estructuras que las sustentan con el riesgo siempre presente de caer en los ríos de la folclorización y la esencialización.

De la otra palabra aún no puedo sacar conclusiones rotundas. Me encuentro todavía danzando en torno, angustiada a veces. Desde que la aprendí, me he relacionado con ella de diversas formas que van desde el rechazo abierto hasta el entusiasmo, sin plantarme de manera definitiva. Además de «indígena» soy mujer, el sistema patriarcal o los sistemas patriarcales me atraviesan y el feminismo propone subvertir las categorías de opresión de este sistema. No hay manera de que la palabra no me convoque, aunque me convoque de manera incómoda. Pronto me di cuenta de que este posicionamiento complejo respecto del feminismo era compartido por muchas mujeres indígenas en lucha en diferentes lugares del mundo.

Para algunas, las luchas de las mujeres indígenas no deben equipararse al feminismo o, es más, ni siquiera llamarse feminismo. Para otras, por lo menos deben replantearse el término de manera que dé cuenta de experiencias propias y capture una red de opresiones más compleja. En una entrevista, la activista quechua Tarcila Rivera declaraba que «nos ha costado a las mujeres indígenas entender el feminismo desde las otras y entender si nosotras somos o no feministas. Entonces llegamos a la conclusión de que tenemos que construir nuestro propio concepto de feminismo, desde nuestras propias referencias».[1] En diferentes pláticas sostenidas con la activista zapoteca-mixe Sofía Robles y la politóloga mixe Tajëëw Díaz Robles fui comprendiendo cómo muchas mujeres indígenas compartían estas inquietudes y las diversas respuestas que estaban dando a la interpelación que «feminismo», un concepto y una palabra desde el castellano, nos planteaba constantemente. La situación es compleja también porque nos sitúa ante el reto de

---

1   Consultado en https://www.elsaltodiario.com/feminismos/tarcila-rivera-zea-mujeres-indigenas-construir-nuestro-propio-concepto-feminismo

cuestionar el feminismo sin hacer eco de los cuestionamientos desde el sistema patriarcal y evitando que nuestras preguntas sean capturadas y utilizadas contra el movimiento feminista.

En esta búsqueda, las palabras de la escritora kaqchikel Aura Cumes[2] me aportaron certezas en cuanto al origen de esta difícil relación entre feminismo y mujeres indígenas. Ella propone que el sistema patriarcal, en el caso de las mujeres indígenas, no se puede explicar sin la colonización, y la colonización sin la opresión patriarcal. De este modo, explica que las condiciones de género se crean no sólo frente a un patriarcado occidental, sino frente a un sistema colonial en donde se establecen relaciones de poder; en el caso del patriarcado se trata de relaciones de poder con respecto de los hombres y en el caso de la dominación colonial con respecto de mujeres no indígenas, mujeres occidentales. Para Cumes, estas relaciones de colonialidad con las mujeres blancas se actualizan muchas veces en el interior de las organizaciones feministas, en donde las mujeres indígenas no son tratadas de manera horizontal. Es frecuente que desde estos espacios del feminismo occidental se generen discursos que refuerzan la idea de que las condiciones de las mujeres indígenas se deben a que la cultura a la que pertenecen es intrínsecamente más machista y por lo tanto se trata de un asunto «entre indígenas» que nunca toca el sistema colonial, un sistema que une a mujeres blancas y hombres blancos mediante algo que Cumes llama «pacto racial», de modo que, aunque los alejan las relaciones patriarcales, los unen los privilegios de raza. Sin embargo, Cumes enfatiza que es justamente esta encrucijada de opresiones lo que hace que la lucha, y el planteamiento de soluciones de las

2   Consulté su tesis titulada *La «india» como «sirvienta». Servidumbre doméstica, colonialismo y patriarcado en Guatemala* que presentó para obtener el doctorado en el CIESAS en 2014 y el artículo «Multiculturalismo, género y feminismos: Mujeres diversas, luchas complejas», que aparece dentro del libro *Participación y políticas de mujeres indígenas en contextos latinoamericanos recientes*, compilado por Andrea Pequeño y publicado por el FLACSO Ecuador en 2009.

mujeres indígenas, sea tan potente y cuestione fuertemente el orden social: su voz se alza desde diversos lugares de opresión, no de uno solo.

Estas reflexiones de Aura Cumes le dieron forma y llenaron de palabras la incomodidad con que me relacionaba con el feminismo: es la relación colonial que se atraviesa empapando también las relaciones patriarcales, es la asimetría colonial la que media mi relación con el feminismo. Si las mujeres no indígenas se relacionan de manera compleja con el feminismo y sus acepciones e implicaciones, para las mujeres indígenas la jerarquía colonial complejiza radicalmente la situación y explica, creo yo, las muy diversas respuestas y vasos comunicantes que establecen las mujeres indígenas con el feminismo. Es un asunto estructural.

A la luz de estas ideas quisiera plantear entonces algunas reflexiones sobre la manera en la que algunas mujeres indígenas respondemos a este lugar doblemente articulado operando sobre los deseos, las reflexiones y las respuestas: como indígenas desde una categoría política y como mujeres atravesadas por categorías patriarcales, ambos aspectos totalmente imbricados y no sólo adicionados.

Las experiencias de las mujeres indígenas, de mujeres concretas, pueden explicarse desde aspectos culturales; en ese sentido, la categoría indígena se desdibuja y surgen múltiples identidades y aspectos culturales contrastantes. La experiencia de una mujer mixe de una comunidad concreta será muy distinta a la de otra mujer del pueblo ainu de Japón o al de una mujer sami de Finlandia. La historia y la cultura del pueblo mixe puede rastrearse a través de miles de años antes del colonialismo y del establecimiento de los Estados nacionales y de esa historia y de esa cultura en constante cambio y movimiento abrevamos las mujeres mixes. Sin el patriarcado y el colonialismo del que habla Cumes, éstas podrían tener un papel fundamental en la explicación y en las narraciones que hacemos de nuestras experiencias vitales; sin embargo, no es así. Al menos, no del todo así.

El colonialismo, actualizado y ejercido por los Estados nacionales, también nos coloca bajo la categoría indígena, categoría política, insisto, y desde ahí se ejercen las resistencias, pero también se corre el riesgo de articular nuestra narrativa esencializando esa categoría como si se tratara de un rasgo cultural. Culturalmente soy mixe, políticamente, mujer indígena mixe. Los riesgos de asumir la categoría sin ponerla en entredicho tienen como consecuencias aceptar los rasgos asociados que los Estados nacionales pretenden imponer. Enunciarse indígena puede por un lado significar posicionarse desde la resistencia política al colonialismo y al Estado, reconociendo las luchas de todas las mujeres que pertenecen a naciones sin Estado como luchas articuladas por una misma raíz, o por otro lado podemos enunciarnos indígenas reproduciendo, no siempre de manera voluntaria, la narrativa de los Estados nacionales, que son siempre despolitizadas, folclorizantes y reproductoras de la sujeción. Estas dos caras de la relación que podemos establecer —y de hecho establecemos muchas veces de manera involuntaria— producen preocupaciones concretas y angustias particulares.

La sangre

Estas preocupaciones y angustias me parecieron impactantemente evidentes al leer, hace muchos años, sobre la experiencia de una mujer indígena en Canadá que, en un blog personal que no he podido hallar de nuevo en la red, hablaba de su vida amorosa y los inconvenientes al respecto. El Estado canadiense certifica que una persona es indígena estableciendo una cuota de sangre: si la madre y el padre de una persona determinada son reconocidos como indígenas, se dice que esta persona es 100 % indígena; si sólo el padre es reconocido como indígena, entonces esta persona será 50 % indígena, y así la proporción de la cuota de sangre va disminuyendo. El Estado canadiense reconoce los derechos de las naciones y de las personas indígenas con base en esta proporción que ha ido cambiando con el tiempo. Desde el siglo XIX, el Estado comenzó a llevar un registro de indígenas que incluía y excluía: en ese entonces, si una mujer indígena se casaba con un hombre no indígena (con estatuto legal), ella era excluida del registro y dejaba de ser indígena legalmente hablando. Hasta antes de 1960, si un indígena quería votar en las elecciones tenía que renunciar a su estatus legal como indígena.

Las implicaciones y los requisitos para ser considerado indígena han ido cambiando con el tiempo, y aun cuando los requerimientos se han suavizado, es evidente que es el Estado el que sigue ejerciendo ese control. Todavía en 2016, el Tribunal Supremo canadiense reconoció a aproximadamente 200 mil métis (mestizos) con cierta «cuota de sangre nativa» como indígenas con estatuto. Con el paso del tiempo, estos requerimientos legales se han vuelto parte importante de la narrativa de las personas indígenas y, en muchos casos, los pueblos indígenas reproducen este reconocimiento del Estado que al final impacta profundamente en los discursos y experiencias identitarias de mujeres concretas. Es posible escuchar que alguien se defina a sí misma como 100 % o 50 % indígena. El número de indígenas por tribu tiene serias repercusiones para la defensa del territorio y acceso a derechos. En este contexto, puedo comprender que la vida amorosa de una mujer indígena canadiense, algo tan íntimo y personal, esté atravesada por la manera en la que el Estado sanciona lo que es indígena y lo que no lo es. La mujer del blog hablaba del deseo que ella tenía de tener descendencia que fuera reconocida como indígena, 100 % indígena de ser posible, de manera que su comunidad pudiera contar con la población suficiente para acceder a determinados derechos.

La lucha de esta mujer se articulaba desde su género, pero también desde su deseo de plantarse como indígena ante el Estado y mantener la tierra de su tribu. Las angustias a la hora de decidir con quién salir en una cita amorosa, un hombre blanco o un hombre con cierta cuota de sangre indígena licenciada por el gobierno, evidencian la encrucijada que el Estado canadiense le plantea: aceptar la definición estatal por un lado y por otro utilizar esa misma categorización para luchar por desarticular las prácticas que despojan a los pueblos indígenas de sus territorios. Mantener las cuotas de sangre podría leerse como imposición estatal y como resistencia al mismo tiempo. La categorización política y las maneras en las que se manifiesta tenían repercusiones concretas y determinantes en aspectos aparentemente personales, como la elección de una cita amorosa.

Tiempo después, leí las declaraciones de Lisa Charleyboy, una mujer del pueblo indígena tsilhqot'in que se expresaba en un artículo sobre cómo, siendo una mujer indígena en Canadá, los temas como el matrimonio y las citas amorosas eran un asunto bastante complicado, pues buscaba relacionarse con parejas que tuvieran al menos el 25 % de «sangre indígena». Las cuotas de sangre la hacían sentir vulnerable y había comenzado a hablar sobre el tema con otras mujeres. Por fortuna, cada vez hay más cuestionamientos sobre estas cuotas y sobre cómo configuran la experiencia de ser una mujer indígena en Canadá.

Inicialmente reaccioné con sorpresa al leer estas historias, o al escuchar otras de mujeres indígenas en Estados Unidos que se definían a sí mismas con base en el porcentaje de «sangre nativa». Mi propia experiencia me sitúa muy lejos de esas preocupaciones y jamás habría pensado en las implicaciones de elegir como pareja a una persona no indígena o a una persona mestiza (en el caso de México). Aun siendo una mujer indígena como ellas, no compartía ni reconocía de ese modo esas preocupaciones. Esta diferencia me inquietó sobremanera y me di cuenta de algo evidente, pero que de algún modo no había tomado relevancia en mis propias experiencias narrativas: todas las mujeres indígenas pertenecemos a naciones sin Estado, es el rasgo que nos agrupa bajo la categoría indígena, pero cada Estado determina el modo en que ejerce esa categoría y actualiza la opresión. Muchas de las angustias, deseos y reflexiones como mujeres indígenas, aparentemente personales en extremo, se plantean como respuestas y reacciones a los modos específicos en los que cada Estado nacional sanciona el «ser indígena». No asumirse como tal tampoco desvanece la estructura, al menos no de manera individual.

La lengua

A partir de este contraste inicial establecido por las preocupaciones de estas mujeres indígenas canadienses, me di cuenta de que si bien no las compartía, dejaba abierta una pregunta: ¿cuáles son los mecanismos estatales aquí en México para ejercer la categoría indígena a los cuales estoy respondiendo? El Estado mexicano ha determinado legalmente que basta el criterio de autoadscripción para que una persona pueda ser considerada indígena; sin embargo, en los hechos este asunto funciona de una manera distinta. Durante décadas, el gobierno mexicano ha utilizado el criterio lingüístico para establecer con certeza la adscripción indígena. Mientras que rasgos como la vestimenta tradicional se fueron diluyendo, en gran parte por la empresa amestizadora del Estado mexicano, la lengua ha sido utilizada como un rasgo para contabilizar y registrar el número de indígenas en México. Si bien el número de la población indígena en México excede el número de población hablante de lengua indígena, el propio Instituto Nacional de Estadística, Geografía e Informática señala el uso de la lengua como elemento determinante para calcular cuántas personas indígenas habitan el país. Paradójicamente, han sido las políticas públicas del Estado las que han provocado una pérdida acelerada de lenguas indígenas.

Esta conducta del Estado mexicano tiene implicaciones en el imaginario de las personas indígenas: no hablar la lengua del pueblo indígena al que se pertenece muchas veces es interpretado como una pérdida que convierte a personas mixes, zapotecas o mixtecas en medio-indígenas, si no es que mestizos. La cuota de sangre aquí se actualiza como cuota de lengua. En este contexto, en la lucha del movimiento indígena y desde el discurso oficial por igual, muchas veces se asigna a las mujeres indígenas el papel de guardianas y responsables de la transmisión intergeneracional de la lengua, obviando el hecho de que la interrupción de dicha transmisión es una consecuencia del colonialismo y el racismo hacia la población indígena, al mismo tiempo que se esencializa la función de las mujeres. Las mujeres indígenas han jugado un papel fundamental en la transmisión de las lenguas indígenas y de incontables conocimientos tradicionales, la resistencia lingüística se ha articulado desde las mujeres en muchos casos, pero no es responsabilidad exclusivamente de ellas mantener la vitalidad de las lenguas indígenas. La solución implica desarticular las estructuras racistas que provocan que la transmisión intergeneracional de las lenguas indígenas cese y que los espacios de uso desaparezcan.

El rasgo lingüístico que utiliza el Estado mexicano se actualiza en distintos comportamientos y requisitos de la burocracia estatal, y aun en programas y personas aliadas. En una ocasión, realizando trámites para obtener una beca de posgrado para población indígena, los entrevistadores me pidieron que hablara mixe para constatar que efectivamente soy indígena. Tener que hablar enfrente de personas que no entienden lo que dices pero que pueden interpretar que aquello «suena» como lengua indígena me hizo sentir vulnerable, no lo entendí entonces pero ahora lo relaciono de algún modo con la vulnerabilidad de las mujeres indígenas de Canadá ante la cuota de sangre: la vulnerabilidad de responder a los rasgos del Estado que te valida como suficientemente indígena. No me inquieta que el padre de mi hipotética hija sea una persona no indígena, podría ser una persona nacida en Tokio; siempre y cuando mi hija hable mixe y sea parte de mi comunidad será considerada mixe y, por lo tanto, indígena para el Estado. En todo caso, mis inquietudes se relacionan con la idea de que tengo que garantizar esa transmisión, pues desde esa lucha me enuncio.

Imagino entonces que a Lisa Charleyboy, en Canadá, el tema de la lengua le implique menos preocupaciones que la búsqueda de una pareja reconocida como 100 % indígena.

El apellido

Leyendo y conversando con la politóloga k'iche' Gladys Tzul,[3] supe del papel fundamental de las mujeres indígenas de Toto-nicapán (Guatemala) en la defensa de la propiedad comunal de sus tierras. La propiedad comunal de la tierra es fundamental en el planteamiento de resistencia ante el Estado, y base de lo que Tzul llama la reproducción de la vida. Para defender las tierras de la siempre inminente apropiación del Estado, la tierra se mantiene mediante un régimen comunal a través de la transmisión de una serie de apellidos de manera patrilineal. De este modo, el parentesco se utiliza como estrategia legal de la defensa de las tierras comunales, pues estos apellidos son reconocidos jurídicamente por el Estado. Sobre el asunto, me expresa que una de las preguntas necesarias que se plantean las mujeres en este contexto es saber qué sucede con los hijos de las mujeres que deciden formar una familia con un hombre que no porta uno de los apellidos que resguardan la propiedad comunal de la tierra, y cuál es el estatus político de las mujeres que no deciden formar una nueva unidad familiar. Aun esta-bleciendo un vínculo con un hombre que posee alguno de los apellidos reconocidos, las mujeres estarán también en una posición vulnerable, precisamente por la doble articulación del lugar en el que se encuentran: por género o por resistencia al orden colonial como indígenas en defensa del territorio.

3   De Gladys Tzul leí *Sistemas de gobierno comunal indígena: mujeres y tramas de parentesco en Chuimeq'ena'*, publicado en Guatemala por la Sociedad Comunitaria de Estudios Estratégicos en 2016.

Mientras que, para mí, ni el apellido ni la cuota de sangre representan fuentes de reflexiones e inquietudes para mi posición de enunciación como mujer indígena, muchas mujeres nativas de Canadá y mujeres indígenas de Totonicapán responden y generan alternativas desde esas otras preocupaciones.

Estas inquietudes y respuestas diferenciadas evidencian el poder del Estado en la concreción de la categoría indígena. Sin embargo, esta afirmación me parece peligrosa, pues si bien es cierto que el reconocimiento estatal influye en la determinación de quiénes son indígenas y motiva imaginarios asociados, también es cierto que las mujeres indígenas en nuestra lucha no somos pasivas, pues hemos convertido los requerimientos impuestos desde el Estado en respuestas de resistencia de los pueblos indígenas a los que pertenecemos, frente al Estado mismo.

La ambivalencia de estas respuestas genera angustias personales potenciadas además por el cruce del sistema colonial y del sistema patriarcal del que habla Aura Cumes. Las respuestas, creativas siempre, a las cuotas de sangre, de lengua o al reconocimiento de apellidos se erigen como formas de subversión a la opresión ejercida desde los Estados nacionales, que en todos los casos apela además a la relación con el sistema patriarcal que también nos atraviesa como mujeres indígenas. Si bien el mero hecho de pertenecer a naciones sin Estado nos hermana como indígenas, los Estados nacionales en los que nuestras naciones quedaron encapsuladas nos dictan cómo ser «completamente» indígenas, 100 % indígenas. Por fortuna, las respuestas tienen el potencial de convertirse en herramientas de resistencia de nuestros pueblos. Por fortuna, no es el Estado el que licencia qué es ser una mujer tsilhqot'in, mixe o k'iche'.

Desde estos lugares de enunciación, la narrativa, muchas veces reproducida desde el feminismo occidental, que explica que la opresión por género de las mujeres indígenas tiene que

38

ver con las sociedades indígenas y no con la categoría indígena, se pone en entredicho. Muchas mujeres indígenas en Estados nacionales distintos como Canadá, México o Guatemala estamos respondiendo siempre desde un lugar complejo y atravesado por diferentes sistemas. Nuestras respuestas tienen siempre el potencial de convertir la imposición colonialista de los Estados nacionales, la vulnerabilidad inicial transformada en idea subversiva que cuestiona la categoría y la palabra «indígena» de raíz. Y en eso, radica al menos una de sus potencias.

MUJERES POLILLA

Verónica Gerber Bicecci

~~Catálogo de las~~ mujeres polilla

Semónides de Amorgos

Verónica + Gerber Bicecci

Traducción: Ríos

I

Creó Dios la mujer primerame~~rce~~
de entendimiento y juicio despr~~helan~~
de una cerdosa pue~~r~~jer sepor ~~uentra~~
le hace siempre tene~~otr~~cia la~~ōLesq~~re
Reclinada en el su~~l~~a ma~~r~~rev~~m~~nte
jamás se lados si~~l~~de ~~r~~ude~~r~~estido ~~iarse~~
cubie~~~~ as~~q~~uer~~~~ ~~~~mpre ~~e~~n ~~as~~
sobre e~~i~~ ~~s~~ordido cie~~~~ ~~g~~ord~~st~~u~~r~~

II

A otra crío e una dolosa zorarece
y la ciencia le dio de bueno ,die helan
en esta casta de mujer se encuentra
mucho perverı hamotro muʤresçre
y la ira la dobla y la mane enorante
a todos lados sin prudeno) el orçiarse

vedior as d ıés

ostur

ıe ha

III

En sus costumblos dioces de parece
al pe{ homb}e es sra,a.rga se la die.helante
por onal {sá}ber todas las{mal jamás c}
Todo lo mira con hambrie{s dioa}es{o}re
y con tanto mirar siempre se{ en}r{nte}
Cuando no ve algún homl{co} el or{c}iarse
y ni las amenazas del mari{.ve}{foros d ne}
bastantes son a contener su{s}{ .stur}
Ni aunque le ec{h}e los diente{s}{ .e hav}a
irritado y fe{r}{) una pedra}
ni aunque la {n. .g}ue con p{a}
ni el respeto a los hués{ped}
sino que siempre furibu{n}

IV

Otra hicieron los dioses de la tie~~~quella~~
y al hombre para carga se la die~~~lan~~
la cual ni el bien ni el mal jamás c~~~~
y su saber se ciñe a sí los dio~~~esqre~~
dan a la tierra rigoroso in~~~~nte
para acercarse al fuego co~ el or~iarse

V

Mas vuelve ya tu pe asno ento a aquella
que ha nacido del eros traba tien lan
en todo el día de rei eve la am ecie
El Huésped que en su castá co es re
la llenará de inmensas ben cio nte
y jurará no hallarse en todo el or iarse
ni ser posible que jamás se ve or as do nè
una mujer más buena en sus stur
M   embar   eces se e   te haya mu
co la perra so e sus cach   ir b
Aspera con amigos y enemig
en su doloroso genio al mar s
que muchas ve   segado y qui
los marineros lle de alboro
y ot ra rribleme
y alza encres las hincha

VI

Otra nació de un asno y la ce[n]a
ejercitada en ásperos traba[]tiene
aunque sólo la mueve la am[]eciendo
Sentada día y noche está co[]squiva
y sin alguna distinción acoge[]nte
al primero que ll[]aga []e r[] en[]arse
por su señor en los[] a[]ére[]or[]as do[]né[]

VII

Ot yegue una infelice comadreja
triste generacio... ...e nada tiene
de bueno ni de ...iál ...alq...careciendo
de amor y de d...a pa...ia y esquiva
el lecho conyutará d... ...á presente
su espo...do ... e...p...aga y se...en...iarse
y con sus eretas daña a lo...for...as do...es
y devora las vianda no i...ru m...

...eng...e haya mu...
...üen...ir ...
...ue pa...

VIII

Una yegua de he[rmosa] cabellera
fue madre de o[...] á[...]borrece y [...]eciliar [...]
cualquier obra s[...] la [...]ualquier tr[...] lgún feliz
No tocará jamás m[...]la pa[...]porque [...] bien [...]
ni la basura quitará d[e] m[...] porque
Gran cuidado tend[...] [...]unto en[...]iarse
sentándose en el [...]andes las r[...]ormas do[...]é[s]
muestra su afecto [...]a tan terr[...]u m[...]
En cada día lávase tres[...][...]elo eng[...] [...]e haya mu[...]
se llena de perfumes y de [...]igüe[...]ir [...]
y el cabello derrama p[...]rque la que pa[...]
y corona de flores la c[...]a más mala es de
Espectáculo hermoso [...] El marido se
para el marido miserable y[...]legran de su [...]
a no ser algún rey muy pode[...] [...]n e[...]
que pueda mantener tan gr[...]er pro[...]

IX

Otra fue de una mo⬤⬤ manera ⬤bre tris⬤
que un igual mal no ⬤⬤ a los hombres⬤nciliar de ⬤
Por su boca feísi⬤⬤ la risa ⬤lgún feliz
de toda la ciud⬤ ⬤ndo pa⬤porque ⬤ ⬤⬤⬤
ti⬤s olo⬤⬤e apena⬤⬤ cabeza n⬤ porque l⬤
⬤⬤ñ⬤ ⬤unto en su ⬤
Tiene en extremo grandes las ro⬤⬤e las domésticas
¡Pobre el que abraza a tan terrible⬤
Como una mo⬤⬤ marido enga⬤e haya muj⬤
y a todos los d⬤⬤ ⬤de las risas ⬤tir b⬤ ⬤h⬤
se c⬤orrill⬤ de ha⬤⬤⬤ u⬤rque la que pare ⬤
y sin ⬤⬤⬤ar ca⬤⬤ ⬤ensa⬤la más mala es de⬤
cómo hacer alg⬤⬤ ⬤árb⬤ El marido se que⬤
⬤ se alegran de su ⬤
⬤ada cu⬤ ⬤n e⬤
⬤uier ⬤⬤⬤

X

Mas con la que ha nacido de la abeja
es el hombre feliz y afortuna[...]
pues no cometerá delito alg[...]
Ella alarga la vi[...] sus can[...]
los siembra de m[...] flores olo[...]
Amada de su amado compañ[...]
va envejeciendo en los ligeros a[...]
dándole hermosos y afamados h[...]
distínguese entre todas las mujer[...]
por la gracia feliz que la acomp[...]
no busca ni frecuenta los corrillos
donde hablan liviandades las ami[...]
y esta prudente y apreciable casta
la da el gran valor Jove a sus favore[...]
A los demás que están ent[...] om[...]
de Júpiter el dolo las pr[...]
Y tanto en su maldad car[...]
que si parece que algún bien le ca[...]
al mísero mari[...] esto mismo[...]
incómodo en ext[...]mo al desdic[...]
Todo el que vive con mujer no[...]
pasar un día enteramente bue[...]

ni echar el hambre triste de su
ni el amor conciliar de sus a
Si le sucede algún feliz suce
o ya porque este bien le den l
o ya porque le venga de los homb
al punto en su mujer encuentr   en
que mueve las domésticas ren

Doquier que haya muj   no se espere
poder admitir bien huésped algu
porque la que parece más mode
la más mala es de todas las mu
El marido se que   las vecin
se alegran de su error y se le r
cada cu   n embar   empre   ba
la mujer prop   la del otro af
sin ver que le comprende el mism
Pues este horrible mal Júpiter
y el lazo ató con insoluble n
de donde viene que la cru
arrebató cesados muchos

Adenda de las Mujeres polilla

He leído muchas veces el *Catálogo de las mujeres* de Semónides de Amorgos (s. vi a. C.), y en cada lectura me parece que a su taxonomía le hacen falta algunos especímenes. Las mujeres polilla, por ejemplo: aquellas que sufren del síndrome del nido y devoran la materia que habitan. Es decir, aquellas cuyo conocimiento se ciñe a destruir. Decidí carcomer este texto —probablemente el poema misógino más antiguo que conocemos en la historia occidental— tomando los signos de puntuación como centro de cada circunferencia cortada. La reescritura de las mujeres polilla empieza, entonces, en su propia casa.

APUNTES PARA UNA POSIBLE GENEALOGÍA (ARQUEOLÓGICA) DE LOS *METOOS*

Margo Glantz

Margo Glantz (Ciudad de México, 1930). Escritora, profesora emérita de la unam, periodista, viajera, tuitera. Obtuvo numerosos premios por su creación literaria, entre ellos, el Premio Magda Donato por *Las genealogías* (1982), el Xavier Villaurrutia por *Síndrome de naufragios* (1984) y el Sor Juana Inés de la Cruz por *El rastro* (2003); Premio Nacional de Ciencias y Artes (2004), Premio de la Feria Internacional del Libro de Guadalajara (antes Juan Rulfo) (2010); Premio Manuel Rojas de Narrativa (2015), es miembro de la Academia Mexicana de la Lengua desde 1995, profesora visitante en numerosas universidades, como Princeton, Yale, Harvard, Berkeley, Siena, Düsseldorf, Viena, y Londres. Creó y dirige la Página virtual de Sor Juana en la Biblioteca Virtual Miguel de Cervantes Saavedra. Ha sido traducida a diversas lenguas y obtuvo las becas Guggenheim y Rockefeller. La Editorial Sexto Piso le ha publicado *Coronada de moscas*; *Yo también me acuerdo*; *Por breve herida*; *Y por mirarlo todo, nada veía* y el fce publicó cuatro tomos de su *Obra reunida*.

1.- UN PRODUCTO DE LA IRA DIVINA

Sabemos que Eva nació del costado derecho de Adán: el primer parto fue entonces masculino. En el mito griego contado por Hesíodo, las cosas se afinan aún más: el hombre ateniense fue el producto de un fracaso amoroso, el del dios Hefesto, un artesano cojo que persiguió para violarla y sin éxito a la diosa Atenea: en el forcejeo cayó un poco de semen en el muslo de la virgen quien, asqueada, tomó un trapo para limpiarse y lo arrojó a la tierra y ésta, fecundada, dio a luz a Erictonio, de *eris*, lana, y *ctonos*, tierra: en consecuencia el primer hombre griego no fue engendrado en un cuerpo de mujer, sino en la tierra misma, y la primera hembra, Pandora, modelada con tierra, tampoco. Zeus le ordenó al propio Hefesto que confeccionara una imagen con arcilla, semejante en belleza a las inmortales, y le infundiera vida. Ello, con el fin de configurar un «bello mal», de modo que los hombres se entusiasmaran al recibirlo, sin saber que aceptarlo les produciría desgracias.

Eva es en la Biblia la madre de la humanidad y Pandora solamente la madre de la raza de las mujeres, el producto de una operación artesanal, una mera máquina, una cerámica, un simple artefacto construido por el desairado Hefesto para aplacar la ira de Zeus, quien decidió vengarse de Prometeo después de que éste les entregó a los hombres el fuego. La primera mujer griega es simple y llanamente el producto de un acto de violencia, de un impulso colérico del Dios Supremo del Olimpo, para suavizar la ira de Zeus, castigar a Prometeo y neutralizar la dádiva que éste les otorgara a los mortales al enseñarles cómo se producía el fuego.

Cada uno de los dioses y diosas —porque diosas sí había, aunque no hubiese mujeres— le confirió a Pandora una cualidad: la belleza, la gracia, la habilidad manual, la persuasión, la seducción, la hipocresía, la esperanza. Zeus es el culpable de la existencia de esa plaga engañosa, esa moneda falsa, esa raza maldita, «el bello mal».

Cuando se lee a Nicole Loraux, historiadora de la Grecia clásica, se advierte que los mitos de origen, aún patrimonio de la cultura occidental, han sido leídos tradicionalmente de manera falsa, prejuiciada. Con paciencia y rigor, apegándose al texto y al contexto, a la letra y al sentido estricto de las palabras, Loraux descubre una doble historia: «la manera en que el discurso político de los atenienses funda la ciudadanía legitimando el poder de los hombres y excluyendo a las mujeres», operación que de manera sigilosa y centenaria han repetido, considerándolo un hecho natural, los historiadores varones que se han dedicado a estudiar a los griegos. Reflexionar con Loraux sobre una cultura desaparecida y sin embargo vigente, pone en crisis muchas de las teorías que sobre la mujer se han construido, incluso algunos de los estereotipos de los diversos feminismos.

En uno de sus últimos textos publicados, *Nacido de la tierra, mito y política en Atenas* (1996), se ponen de manifiesto varias hipótesis: la primera se refiere a los beneficios que pueden obtenerse de materializar a la mujer, resaltar su condición corporal, es decir, mantenerla en un papel pasivo que la predispone a no presentar resistencia y dejar que tanto la acción como el pensamiento sean patrimonio exclusivo del varón. La segunda va unida a la operación que consiste en pensar el Origen excluyendo a las mujeres y luego explicar su aparición como una catástrofe, la consecuencia de una pelea entre dioses de desigual jerarquía. Cuando en el mito se fabrica literalmente a la mujer, los hombres se ven obligados a separarse de los inmortales con quienes antes convivían y aceptar su propia condición de mortales y, al enfrentarse a ella, a esa construcción artificial, descubren con dolor e ira que en realidad son seres sexuados, convertidos en *andres* (los varones) y han dejado de ser lo que antes eran, seres humanos (*anthropos*). Como corolario de esta última hipótesis, y en parte contradiciendo a la primera —en los mitos se suele proceder así— podría formularse otra hipótesis: ¿acaso las mujeres no son seres naturales, las que más próximas se encuentran a la Tierra, de la cual son una simple imitación? ¿Quién podría entonces decidir si la inquietud de los varones (*andres*) frente a las mujeres (*gyne*) se funda en lo natural de su «naturaleza» o en su origen totalmente artesanal? Si se retoma el mito, ¿sería necesario concluir que ese suplemento agregado a lo humano, lo femenino, es solamente un artificio o algo necesario para la reproducción sexuada y por ello mismo natural?; ¿será de esta contradicción que proviene la violencia?

2.- La sangre ¿esencialismo?

He vuelto a ver *Carrie*, la película de Brian De Palma filmada en los setenta cuando era aún un joven cineasta y sus películas eran buenas. En realidad verifico que a pesar del tiempo transcurrido, *Carrie* sigue siendo un *film* muy vigente. A Brian De Palma le obsesionaba la sangre, como también le obsesionaba al gran historiador decimonónico Jules Michelet, quien en su libro *La bruja* (*La sorcière*) enaltece a la mujer, para él figura frágil, pero potente, poseedora de «una fotogenia singular, la de la sangre», según palabras de Roland Barthes en sus *Ensayos críticos* (publicados en forma de libro en 1964). Barthes agrega: «[...] lo que conmueve a Michelet en la mujer es lo que oculta; no la desnudez (lo cual sería un tema banal) sino la función sanguínea, que hace a la Mujer ritmada como la Naturaleza (como el Océano, sometido también al ritmo lunar)... Michelet», continúa Barthes, «espía a su mujer; el derecho y la alegría del marido es llegar a ese secreto de naturaleza, poseer por fin en ella, gracias a esa confidencia inaudita, una mediadora entre el hombre y el Universo». Barthes maneja todavía esa noción que implica que decir Hombre significa humano y que fuera de esa humanidad estaría la Mujer, como un ser aparte. Michelet, continúa Barthes, «dista mucho de haber interpretado a la Bruja como un Otro, no ha hecho de ella la figura sagrada de lo Singular, como el romanticismo ha podido concebir al Poeta o al Mago; su Bruja [...] no está socialmente sola, toda una colectividad se vincula a ella, se sirve de ella [...]» Obsesión no sólo privativa del historiador y de Barthes sino también de otro escritor decimonónico, Jules Barbey d'Aurevilly, quien a su vez espía a las mujeres y logra exhibir esa actividad menstrual de manera flagrante en el rostro para siempre enrojecido de la protagonista de su novela *La embrujada*.

De Palma es asimismo un voyeurista: su película *Carrie* empieza con una secuencia de gran violencia erótica y con el primer grito de la protagonista que aparece bañándose en una sala de baño común donde varias colegialas se asean después de la clase obligatoria de deportes, tan característica de las secundarias del país vecino. Los cuerpos desnudos se advierten entre una bruma vaporosa; Carrie descubre de pronto que entre sus piernas escurre la sangre: sus compañeras festinan la ignorancia que la joven tiene de la sexualidad y actúan con violencia: la obligan a ocultar ese derramamiento de sangre, mediante los productos higiénicos que nuestra sociedad de consumo produce en serie. Carrie es la víctima propiciatoria de la comunidad escolar, objeto de vejámenes y burlas (ahora lo llamaríamos *bullying*). Aquí se unen de manera indisoluble la desnudez —lo erótico visible según la expresión de Barthes— y lo tradicionalmente invisible: aquello que en general las mujeres ocultan, su sangre menstrual.

He retomado unos breves fragmentos de un texto mío escrito hace años, los gloso o los transcribo entrecomillados: «De víctima propiciatoria, de ser la oveja que se sacrificaba en el altar y cuya sangre corría espesa y negra para purificar a los demás, la joven se convierte en la bruja, la figura vengadora, gracias a esa mezcla de sangres, la propia y la del animal impuro. La película cierra con otra agresión, otro *bullying* (palabra que me choca pero que suplanta a la palabra acoso). Carrie recibe el día de su graduación un baño de sangre de cerdo». La higiene, la blancura, la eficacia frente a lo húmedo, lo viscoso, lo inferior. «En el baño Carrie despierta a la sexualidad y a la brujería también». Las correspondencias son múltiples y se marcan por los signos: las sangres periódicas, los ciclos femeninos que asimilan a la mujer con la naturaleza y que la sociedad tecnificada ha reducido a simples excrecencias anunciadas con descaro, parecen expurgarse con la higiene. Y sin embargo resurgen: la feminidad pasiva de la víctima hubiese podido ser positiva pero el acoso salvaje de la sociedad la convierte en potencia destructiva.

Y, a manera de coda, leo en un reportaje de Christine Eggs sobre las mujeres indias de un pequeño poblado al sur del país, que al llegar a la India para combatir el SIDA, se encontró con un médico que le habló de las enfermedades femeninas más frecuentes en la región: irritaciones, ulceraciones vaginales y esterilidad debidas a la falta de higiene y a la utilización de saris viejos que no absorben la sangre, en un clima que alcanza los 40 grados centígrados casi todo el año. En esas zonas, como en otros lugares, las casas son de adobe, el 80 % de las mujeres son iletradas y sucumben a los tradicionales prejuicios que las obligan a encerrarse durante la menstruación.

A instancias de Eggs, en Chepaluppada, donde la electricidad sólo opera durante 6 horas diarias, se ha instalado un taller para fabricar servilletas higiénicas. Una pulpa de madera semejante al algodón, importada del Reino Unido, se coloca en un aparato que separa las fibras. Otra obrera las recupera, las pone en un molde, las aplana con un martillo e iguala los bordes antes de entregarlo; la quinta obrera recoge los ingredientes, agrega una capa impermeable, un desodorante y cose las toallas en medio para evitar que sus bordes molesten. Finalmente, se hacen paquetes de 8 servilletas y su marca es Suraksha (Esperanza).

Tengo en mis manos un libro intitulado *De la violence et des femmes* (*La violencia y las mujeres*) publicado en París en 1997 y escrito por un grupo de mujeres encabezadas por Cécile Dauphin y Arlette Farge, dedicado a la ya mencionada Nicole Loraux, entre cuyos títulos se cuenta *Maneras trágicas de matar a una mujer*, *Mujeres en duelo*, *Las experiencias de Tiresias*... Lo menciono porque, como ya se vio, Loraux inauguró una manera nueva de hacer historia que se adentra con bravura y extraordinarios resultados al difícil territorio de lo femenino. En el libro en cuestión, se visitan diversos lugares, épocas, países con un enfoque histórico; para empezar, la violencia femenina dentro de la ciudad, tanto en la Grecia clásica como en el París de la Revolución y la guillotina; la segunda parte revisa las configuraciones inestables y móviles entre lo masculino y lo femenino en varios períodos de la historia; en tercer lugar, se examina el fenómeno de las guerras del siglo xx y los actos de crueldad contra las mujeres y, específicamente, la violación.

Este texto va precedido de un prefacio de las compiladoras que se inicia con estas palabras:

> El tema es oscuro y laborioso para quienes lo exploran. Está sembrado de obstáculos y es posible aventurarse con facilidad en un campo donde abundan los lugares comunes y los estereotipos más arraigados, a tal punto que es difícil evitar que se provoquen sentimientos de desagrado o de fascinación, difíciles de clasificar. Además, los «discursos» cotidianos sobre este tema están ya hechos, en tanto que la actualidad se abre regularmente sobre paisajes devastados donde a menudo se producen actos de violencia contra las mujeres y también en ocasiones algunas manifestaciones de violencia femenina.

Me interesa en particular un ensayo de Pauline Schmitt Pantel sobre la construcción de la violencia en la Grecia antigua. La mitología clásica es una continuada historia de violaciones, como puede verse muy bien en *Las bodas de Cadmo y Harmonía*, de Calasso, y, obviamente, en Hesíodo, Homero, los trágicos griegos, Ovidio... para no citar más que a unos cuantos. Los dioses son un claro ejemplo de esta nefanda actividad, empezando con Zeus, y, con todo, la mayoría de los textos griegos habla poco de la violencia de que fueron objeto las mujeres o disfrazan el rapto y la violación como si se tratasen simplemente de una seducción, y cuando se refieren específicamente a esas dos formas de violencia se las achacan en general a los bárbaros —los centauros, los lapitas— y casi nunca a los griegos, si se exceptúa a los dioses. Por otra parte, las leyes en esa democracia eran ambiguas y no existía ninguna palabra que designase específicamente la violación: los textos recurrían al término violencia física, demasiado poroso para dar cuenta de este delito. Se sabe que el legislador Solón establecía que la violación de una mujer libre tenía como pena una multa de diez dracmas, cantidad irrisoria.

Otro texto que trata un tema semejante, acaecido 2,500 años después, se ubica en la actual ex Yugoslavia, donde las mujeres fueron sometidas sistemáticamente a la violación colectiva. Hablo del periodo 1991-1995: y no es sino hasta el 27 de junio de 1996 que el Tribunal Penal Internacional de La Haya, creado especialmente para juzgar los atentados contra derechos humanos cometidos en la ex Yugoslavia, decretó por vez primera en el derecho internacional que la violación es un crimen contra la humanidad, examinando para ello el expediente concerniente a Foca, la ciudad bosnia que en 1992 cayó en manos de fuerzas militares y paramilitares serbias: antes de la deportación de toda la población no serbia, esas tropas perpetraron masacres y torturas, entre las que se cuenta la violación sistemática y colectiva, acompañada de sevicia y de asesinato de mujeres y de niñas encerradas con ese fin en apartamentos, casas o moteles. Dos siglos y medio por lo menos de violencia reiterada que los códigos penales nunca contemplaron como crimen.

Irene Khan, alguna vez secretaria general de Amnistía Internacional, inició una campaña mundial contra la violencia de género: «Se trata de una severa enfermedad, corroe a todas las sociedades y constituye un escándalo intolerable. Una mujer de cada tres sufre violencias graves por violación, agresión sexual o ataques. Es un mal extendido a lo ancho de todo el planeta que no conoce fronteras ni entre el Norte y el Sur, negros y blancos o ricos y pobres. Un terror disfrazado del que nadie quiere hablar (y del que ahora se vocifera). Las sociedades ignoran ese mal, los gobiernos cierran los ojos y las mismas mujeres guardan silencio cuando son víctimas porque se las estigmatiza cuando lo denuncian y, lejos de remediarla, suelen agravar su situación».

Otros datos más nos alertan sobre este estado de cosas tanto en países llamados subdesarrollados como en los desarrollados. En Túnez, las mujeres que intentan trabajar, no usar el velo y estudiar son anatemizadas como prostitutas, algunas encerradas en prisiones estatales y torturadas; conocemos bien la violencia sufrida por las mujeres de los antiguos territorios yugoslavos; cotidianamente nos llegan noticias parciales acerca de las mujeres asesinadas en Ciudad Juárez y en muchas otras regiones de México; las mínimas libertades concedidas a las mujeres en la constitución de Irak son consideradas como un ejemplo para el mundo islámico, donde a las afganas se les ha impuesto la suerte más terrible. El caos que reina en Gaza y Cisjordania hizo que en la época de Arafat, este reestableciera la pena de muerte en esos territorios; uno de los móviles para decretarlo fue, entre otras cosas, el secuestro, violación y asesinato de una jovencita beduina de un campo de refugiados a manos de cuatro taxistas de la franja de Gaza. (Me viene a la mente la primera y muy impactante película de la fotógrafa Shirin Neshat, *Mujeres sin hombres*, premiada en el festival de Venecia en 2009. Cuenta la historia de tres mujeres iraníes de los cincuenta, reitera su indefensión frente al maltrato masculino, incluido el acoso y la violación, legitimada en los países en donde las prácticas religiosas son fundamentalistas).

En Estados Unidos, una mujer es golpeada cada 15 segundos, casi siempre por su compañero sentimental; en España, los periódicos denuncian diariamente la saña con que muchas mujeres son asesinadas por sus parejas. Ya sea en la alcoba o en los campos de batalla, las mujeres están expuestas a peligros: en el Congo los soldados aterrorizan a la población y hay un promedio de por lo menos 40 violaciones diarias. ¿Y cómo no agregar a este larguísimo (y con todo insuficiente) recuento las mutilaciones rituales a las que se somete a muchas mujeres africanas?

En Jerusalén se agrava el fanatismo religioso de los judíos ortodoxos y son las mujeres las depositarias más evidentes de esta violencia: para empezar fueron borradas de las campañas publicitarias y los muros de la vieja ciudad ostentan en general sólo figuras masculinas, o las imágenes donde aparecen mujeres han sido arrancadas o mutiladas; en los supermercados se proponen horarios diferentes para hombres y mujeres y se pretende que éstas caminen siempre detrás de los varones; en los restoranes se intenta separar a las familias según su sexo; en las escuelas primarias se exige separar a las niñas de los niños, por ello, la directora de una escuela de danza, Tzafira Stern, declaró indignada: «...nuestros rostros y los de nuestras hijas se han vuelto indecentes». Cuando era aún presidente, Shimon Peres llamó a movilizarse contra este fenómeno tan inquietante, aduciendo «que el país no debe doblegarse ante una minoría religiosa que trata de imponer su visión del mundo a la mayoría de la población».

4.- La violencia ¿legal?

Una consecuencia, entre otras, de la predominancia que los últimos gobiernos han dado a las fuerzas armadas, educadas en el Heroico Colegio Militar, símbolo de la patria y del pueblo mexicano, es la impune agresión que los militares, conscientes de su poder, suelen ejercer contra las mujeres y contra quienes las protegen y denuncian sus fechorías. Aunque es justo añadir que esta situación no es nueva. Son preocupantes ciertas actitudes asumidas por la Secretaría de la Defensa, cuya gestión ha generado una extraña popularidad si se consideran exactas las encuestas que se publicaron hace tiempo, por ejemplo, en el periódico *Reforma*.

Cito algunos casos:

La agencia EFE reveló que, en 2006, 11 trabajadoras del bar «El pérsico», municipio de Castaños, Coahuila, fueron *supuestamente* violadas por unos 20 soldados. Por si no fuera suficiente, se las presionó para que cambiaran sus declaraciones y se difamaba además a quienes las defendían: al obispo de la diócesis, Raúl Vera (reconocido defensor de los derechos humanos) y su portavoz, Jaqueline Campbell.

Sabemos cómo el lenguaje puede traicionar y encubrir; parecería imposible culpar a quienes cometen las tropelías: si se recurre a cierto vocabulario, los datos se minimizan y exculpan, el delito se atenúa o desaparece y de manera uniforme —un político corrupto, un soldado violador, un financiero voraz—, ha cometido sólo *presuntos* delitos o *supuestas* violaciones. Es obvio que este lenguaje protege a quienes han sido acusados falsamente; es cierto que forma parte de los recursos legales de los imputados, exculpados hasta que se pruebe el delito, pero es cierto también que esa jerga permite encubrir, a veces de manera definitiva, las violaciones cometidas. El caso se agrava cuando se trata de sexo-servidoras, pues su mismo oficio parece condenarlas. Les pagan por sus servicios y en ocasiones también para que desmientan a quienes las han ultrajado: al fin y al cabo son sólo putas y están dispuestas a cualquier arreglo a cambio de dinero.

A menudo sabemos de casos semejantes, por ejemplo, el de las muchachas de las maquiladoras, violadas, torturadas o asesinadas, crimen que la policía, la milicia, la clase política y algún tipo de macho (en general) o de beata (en particular) excusa y aligera: son ellas las culpables: ganan dinero, son independientes, salen de noche, se emborrachan, bailan, se visten de manera provocativa: merecen el castigo.

Gravísimo fue un crimen que parece haberse olvidado o que muy escasamente se menciona: la violación por *supuestos* militares de una septuagenaria en Zongolica:

> Amnistía Internacional y la Organización Mundial contra la Tortura (OMCT) exigieron por separado que la investigación sobre el caso de la anciana Ernestina Ascensio Rosario, quien falleció en febrero de 2007, víctima de una violación tumultuaria por *supuestos* efectivos del Ejército, sea remitida a la justicia civil, pues en tribunales los responsables podrían enfrentar un juicio parcial. (*La Jornada*, 11 de marzo, 07)

Por su parte, la Sedena negó que sus soldados hubieran cometido el crimen:

> La Secretaría de la Defensa Nacional sostuvo en un comunicado… que continúan las pruebas periciales, los exámenes de investigación policial y criminalística del campo, y exámenes médicos que incluyen una revisión minuciosa de genitales a todo el personal militar que se encontraba en la citada base, pero no se encontró ningún tipo de lesión, lo que sería indicativo para establecer que no han tenido actividad sexual cuando menos siete días antes de los hechos que se les imputan. (La Jornada, 7 de marzo, 07)

El 10 de marzo de ese mismo año, *La Jornada* dio cuenta de la exhumación de los restos de la anciana ante el asombro y el espanto de los lugareños, operación a sus ojos sacrílega: «El objetivo era despejar muchas dudas que teníamos sobre la necropsia, anunció Cervantes Duarte, de la Comisión Nacional de Derechos Humanos».

Las autoridades indígenas, ante quienes se había presentado a cuatro soldados «…*posibles* responsables de la agresión sexual a nuestra hermana mayor...» se mostraron indignados al saber que Guillermo Galván, titular entonces de la Sedena, desmintiera que hubiese militares arraigados en el área: «El Ejército», dijo, «existe para proteger a los ciudadanos», pero ¿qué deben hacer los ciudadanos cuando éste abusa de sus funciones o las desconoce?

¿Podría alegarse aún que en México sólo se dan casos aislados de este tipo de atropellos? ¿No existen datos fehacientes que demuestran que en épocas de guerra los militares consideran legítimo cometer violaciones masivas o individuales, ya fuera durante la Revolución o recientemente durante las guerras de baja intensidad a las que por desgracia parece que nos vamos acostumbrando? ¿Y no se dan casos vergonzosos de asesinatos en serie cometidos después de haber violado o torturado a las víctimas, como ha venido sucediendo en Ciudad Juárez y en otros lugares del país?

5- REVISEMOS UN CLÁSICO: SIMONE DE BEAUVOIR

El segundo sexo, de Simone de Beauvoir, libro traducido en Latinoamérica desde el momento de su aparición, ampliamente trabajado, discutido. Su influencia fue decisiva en figuras importantes de nuestra literatura, por ejemplo, la utilización que de sus planteamientos hizo Rosario Castellanos, una de nuestras primeras feministas coherentes. Publicado en España cincuenta años después de su aparición en francés, este retraso se explica en el prólogo de la edición publicada con el concurso de varias casas editoriales: Cátedra, la Universidad de Valencia y el Instituto de la Mujer, financiadas además por la embajada francesa: «No es casual que haya tardado tanto tiempo en editarse en nuestro país, pues en 1949, y en las dos décadas siguientes, vivíamos en un régimen político dictatorial para el que el contenido de este libro era subversivo. También así lo estimaron en el Vaticano, donde el Santo Oficio (¡¡Sí, EL SANTO OFICIO!!) se apresuró a incluirlo en el Índice de Libros

Prohibidos. Finalmente, es también oportuno, porque todavía entre las teóricas del feminismo se sigue haciendo exégesis de este ensayo, que es ya un clásico y como tal nos sigue interpelando sobre muchos aspectos en los que se vive aún hoy la condición femenina».Curiosamente, y como Beauvoir lo relata en su libro de memorias, *La fuerza de las cosas*, la escritura de *El segundo sexo* está muy vinculada con Sartre, cosa que no debería parecer extraña por la relación intelectual que ambos guardaron. Sin embargo, no deja de asombrarme. Como muchas mujeres que han vivido de manera excepcional su libertad, Simone de Beauvoir no se había planteado ninguna pregunta respecto al hecho de ser mujer: «nunca me he sentido inferior por serlo, la feminidad nunca ha sido una traba para mí». Y ella misma refiere cómo Sartre reaccionó ante esa declaración contundente: «Y con todo, no has sido educada como muchacho, convendría que reflexionases sobre ello». También es sorprendente verificar que Beauvoir encuentra como posible solución para las mujeres ser educadas no por sus madres sino por sus padres, ¿será, explicación insuficiente, porque según su teoría basada en la filosofía existencialista se piensa en la mujer como una construcción social, un artificio? En su famoso libro escribe una de las frases más célebres del feminismo, casi un lugar común, como el famoso «Cuarto propio» de Virginia Wolf: «No se nace mujer: se llega a serlo», mediante la cual esboza las teorías de género que han estado desarrollando los feminismos durante las últimas décadas.

La mirada masculina es un factor fundamental en la opresión de las mujeres, piensa Beauvoir, y esa opresión, nacida de la radical alteridad de la mujer respecto al hombre, es de orden biológico y concierne a los cuerpos, pues el cuerpo de la mujer está sujeto a la especie, a la reproducción, de allí que la maternidad se viva como «una maldición», para Beauvoir, tema éste que ha suscitado muy enconadas polémicas y que aunque muy diseminado y hasta manoseado, vuelvo a mencionar aquí. Beauvoir pretende resolver la contradicción dándole a este hecho biológico un carácter provisional, es decir, el cuerpo de la mujer está también sometido a las contingencias históricas. Es evidente que al negar los esencialismos, Beauvoir anticipó los cambios fundamentales que gracias a la ciencia empezaron (junto con la píldora anticonceptiva) a liberar el cuerpo de la mujer.

6.- Un antedecente del *MeToo* (Mitu): DSK

Cuando sucedió, y sin fallar un solo día, los medios de comunicación franceses publicaron alguna noticia sobre el desaguisado —¿será correcto llamarlo así?— en el que se viera envuelto Dominique Strauss-Kahn, el antes poderoso director del Fondo Monetario Internacional. Reducido a sus iniciales, el funcionario y conocido dirigente de izquierda fue catalogado como un criminal y su ofensa se convirtió simplemente en «el caso DSK». Su historia anterior era semejante a la de los libertinos del siglo XVIII, casi siempre impunes, por ejemplo, primero, Giacomo Casanova, caballero de Seingalt, uno de los más célebres, quien recorría las cortes y las posadas europeas seduciendo y acosando a todas las mujeres —incluidas las camareras— que tenía a su alcance, para narrar después sus aventuras con delectación; y, segundo ejemplo, el divino marqués, Alphonse Donatien de Sade, encarcelado en el castillo de Vincennes por sus destemplanzas.

Sujeto a miles de versiones, el caso DSK se remitió a las cortes estadounidenses y los abogados del presunto delincuente prepararon una defensa que costó millones de dólares, así como la fianza depositada para permitirle salir de la prisión en la que estuvo internado varios días, y, cosa paradójica, como sucede casi siempre en los Estados Unidos, la condena o la absolución del presunto culpable dependía de la capacidad del abogado defensor, y no sólo de los actos del imputado. La justicia estadounidense simula no tolerar los crímenes sexuales pero los absuelve en la Corte, y en Francia, donde rige una ley que protege la intimidad, las instituciones permitían en cierta medida guardar silencio ante el abuso sexual: este caso se volvió piedra de toque para cambios substantivos, quizá de la ley, y seguramente de las mentalidades, y después del movimiento que equivale al *MeToo*, llamado allí *Balance Ton Porc* (denuncia a tu puerco) el acoso sexual es castigado por ley. Las mujeres se manifestaron públicamente, sobre todo al leer las reacciones de varios amigos de DSK cuando fue detenido: protestaban por las humillaciones que éste sufriera al ser exhibido públicamente, esposado, con el traje arrugado y el rostro devastado, antes de que se demostrara debidamente su culpabilidad. Jack Lang, antiguo ministro de Miterrand dijo una frase que produjo gran polémica: «Es común en el sistema judicial norteamericano no liberar a quien ha entregado una fianza, aunque no haya habido "muerte de hombre (sic)"». Gisèle Halimi se indignó y escribió: «La izquierda me ha decepcionado. Ninguno de los dirigentes socialistas ha dicho una sola palabra de compasión por la víctima... Lo lamento, pues si hay una cosa que debe prevalecer sobre la amistad y el espíritu de clan es el respeto a las mujeres. De otro modo que no se nos hable de socialismo». Por su parte, aunque sin llevar el caso ante la corte, la periodista Tristane Banon lo acusó de violación fallida, y Piroska Nagy, su colaboradora en el FMI, declaró: «Pienso que el señor Strauss-Kahn abusó de su posición en su forma de acercarse a mí... Tuve la sensación de que perdería si aceptaba sus proposiciones y que perdería también si las rehusaba. Creo que este hombre no es apto para trabajar en una organización donde laboren mujeres».

7.- La aparente normalidad de la violencia

En 1997 murió Dora Maar (Henriette Théodora Markovich). Cuando era niña sus padres emigraron a la Argentina. Su padre, arquitecto croata, construyó allí admirables edificios aún intactos, referencia indispensable en la ciudad de Buenos Aires. Gran fotógrafa, la relación de Dora con Picasso —durante los años decisivos de la carrera del pintor malagueño

(1936-1944)— le dio otro carácter a su fama, o por lo menos la oscureció: es conocida sobre todo por haber sido la modelo de Guernica y por los numerosos de sus cuadros en que Picasso la representó como la mujer que llora: la boca abierta de manera desmesurada, con sus dientes aguzados y bestiales y los brazos levantados en actitud de imploración —el paradigma exacto de la plañidera—. También es esa mujer cuyo torso y su rostro se distorsionan y sus rasgos tergiversados alteran cualquier equilibrio corporal. ¿No serán esos dientes más bien los de Picasso?

La administración judicial de París fotografió el caótico departamento de la calle de Savoie 6, cerca de la calle de Grands Augustins, donde vivieron varios personajes de esa época. Dora quedó recluída allí a partir de su separación de Picasso, luego de una crisis psicótica que Lacan había intentado paliar aplicándole electrochocs que muy probablemente la dañaron sin remisión, según declaraciones de Francoise Gilot, por quien Picasso abandonó a Maar y la única de sus amantes o esposas que se atrevió a dejarlo. El desorden infinito de la casa permite verificar el estado mental de Dora, mujer de enorme inteligencia, cultura y magnífica fotógrafa, arte que tanto ella como por ejemplo Man Ray y Brassaï, sus íntimos amigos, habían llevado a niveles artísticos de excelencia, pero que entonces no era valorado como tal.

La historia de Dora Maar es única pero al mismo tiempo coincide con la de varias de las compañeras de poetas y artistas del surrealismo. Sus cualidades fundamentales eran su belleza y su libertad; su función principal era la de convertirse en musas y someterse a los caprichos y perversidades de sus amantes o maridos. Son célebres los casos de Silvia Maklès, actriz de cine, esposa luego de Lacan con quien tuvo una hija que, por razones legales de la época, nunca pudo llevar su nombre sino el de su anterior marido, Georges Bataille —ese Lacan para quien el Nombre del Padre fue el eje fundamental de su teoría psicoanalítica—. O el de Bataille quien practicaba orgías con tres mujeres al mismo tiempo, su amada Laure —en realidad

Colettte Peignot— Dora Maar y Simone Weil, la gran filósofa muerta en un campo de concentración y quien se convertiría como Dora al catolicismo. O el de Breton, quien deslumbrado por la artificial belleza de la pintora Jacqueline Lamba, amiga íntima de Dora, nunca soportó que ella le dedicara tiempo a la maternidad y a su propia carrera. O el de Paul Éluard, primer esposo de Gala, la futura musa de Dalí, y después de Nusch, antigua bailarina de bataclán que muchas veces, e impulsada por su marido, se acostó con Picasso.

En una bellísima exposición dedicada a Dora Maar y a Picasso, en el museo que lleva su nombre en el Marais, se advertía con nitidez alucinante la forma en que a lo largo del breve e intenso período en que Dora y Pablo fueron amantes, la mujer fue despojada paulatinamente de su talento, de su inteligencia, de sus ideas, para quedar convertida en un desecho humano.

8- ARQUEOLOGÍA MEXICANA DE LA VIOLACIÓN

Luis Gonzaga Inclán no fue, a diferencia de los otros grandes escritores del siglo XIX mexicano, un hombre público. No ocupó puestos administrativos, no colaboró con ningún presidente, no fundó periódicos, no fue excesivamente religioso. Pero sí fue creyente, liberal convencido, antisantanista, y, en suma, un hombre común y corriente, sobre todo un ranchero, aunque más tarde, en contra de sus inclinaciones, se volvió impresor. Nacido en 1816 en el rancho de Carrasco en la hacienda de Coapa en el municipio de Tlalpan, su padre fue luego administrador de la hacienda de Narvarte, antes en pleno campo, hoy en medio de la ciudad. Don Luis estudió en el Seminario Conciliar hasta tercero de Filosofía, pero muy pronto se escapó de su casa y se dedicó a las labores del campo en el valle de Quencio en Michoacán, región que volvería famosa en su novela *Astucia*. La invasión norteamericana de 1847 destruyó su rancho coapeño al que había regresado hacia 1835 y con la venta de sus despojos compró una pequeña imprenta y una litografía en el centro de la ciudad de México, cerca de Santo Domingo. Allí imprimió su célebre novela que lleva el permiso de impresión del 21 de febrero de 1865, otorgado por un funcionario imperial de Maximiliano. Con ello podemos corroborar que no fue un hombre de Estado, pero que las convulsiones históricas del siglo XIX lo obligaron a convertirse en escritor.

Y creo que en esta larga introducción no está de más analizar algunos de los episodios de la novela donde se narran las vicisitudes de cada uno de los seis charros contrabandistas de tabaco que organizan el texto, libro de aventuras, novela de educación, utopía política. Es particular la historia de Tacho Reniego, sobrino de un famoso arzobispo criollo (en época de la Colonia) y de un héroe insurgente, semejante a Hércules, que combatía al lado de los hermanos Rayón. También la de Alejo, «el Charro Acambareño» y finalmente la del «Tapatío». Las vidas de los charros tenían que terminar, como en los cuentos de hadas, en un matrimonio feliz, pero en las tres historias mencionadas se narran casos de violación.

Me refiero a uno, quizá el que más importancia tiene en este contexto: Alejo es pendenciero, enamorado, hasta libertino. Cuando quiere sentar cabeza se enamora de una jovencita a quien llaman la Monja Cimarrona, muchacha de rostro virginal, hacendosa, limpia, etc., es decir, todas las cualidades que debía tener la esposa de un ranchero según la visión de Inclán, y un sólo defecto: la muchacha ha sido violada por un jovencito de la capital que ha utilizado un narcótico para «profanar su cuerpo», recurso, acusa Inclán, «vil, miserable, infame». La primera reacción del charro es lavar con sangre la afrenta, como lo hace brutalmente don Gutierre, el personaje de *El médico de su honra* de Calderón de la Barca, el gran dramaturgo español. Mariquita rechaza esa solución sangrienta y Alejo decide obligar a quien ha cometido «la infamia» a ofrecer disculpas públicas a la muchacha, ante quienes conocían el hecho y se habían referido a él como si se tratase de una «simple muchachada» o «una bagatela»:

Porque esa clase de delitos no se olvidan nunca, proclama Alejo, y si en lo judicial es asunto concluido, aún queda por arreglar lo personal, yo vengo por esa niña a escarmentar al pícaro, al traidor, al alevoso, en suma, al sinvergüenza que ha violado su virginidad valiéndose de los medios más inicuos, y que es tan poco hombre que divulga sus crímenes como por vanagloria..., para que otro tan pillo como él practique sus infamias.

Inclán, un mexicano decimonónico, hombre del pueblo, católico observante, provinciano y rural, delineó en su novela un código moral mucho más respetuoso y liberal en relación con los derechos de la mujer sobre su propio cuerpo que el de quienes, en el reciente debate sobre la violación y la despenalización del aborto, especialmente en Argentina, se han pronunciado tan indignados en su contra.

10.- MITOS, VERDADES Y ABUSOS DE LOS *MeToos*

Leo *Acoso*, el muy riguroso e imparcial libro que Marta Lamas acaba de publicar. «En el mundo existen muchos feminismos, nos dice, con variadas tendencias dentro del movimiento social, distintos postulados del pensamiento político y distintos enfoques de la crítica cultural. No obstante, cada tendencia tiene una característica específica para enfrentar la problemática de desigualdad y discriminación que viven las mujeres por la "americanización", una corriente que se ha vuelto hegemónica en la perspectiva con la que se analiza y aborda el tema del acoso». Y agrega algo que me parece fundamental en el análisis de este debate que se ha vuelto global: «Esta historia se ubica en el proceso que Bolívar Echeverría (el filósofo ecuatoriano-mexicano fallecido recientemente) ha definido como "americanización de la modernidad". La hegemonía en el discurso sobre el acoso la tienen las *dominance feminists* de los Estados Unidos, que han insertado su perspectiva en el debate mundial tal como

Echeverría señala que ha sucedido en otros campos...» «Según Echeverría», sigue diciendo Marta, «la americanización de la modernidad durante el siglo xx es un fenómeno general; no hay un solo rasgo de la vida civilizada de ese siglo que no presente de una manera u otra una sobredeterminación en la que el americanismo o la identidad americana no haya puesto su marca». Sí, un fenómeno global que se visibiliza y agiganta de manera contagiosa a partir del momento en que las actrices norteamericanas, y entre ellas Asia Argento (italiana americanizada, víctima de acoso y ahora acosadora) denunciaron el continuado y ya aclimatado acoso que Harvey Weinstein ejerció contra ellas. Denuncias que generaron oleadas sucesivas de *MeToos* a lo largo del mundo, principalmente occidental.

Con el *MeToo* se ha corrido el riesgo de uniformar los distintos feminismos, y de caer en simplificaciones maniqueas que pueden ocasionar conductas perversas, intolerancia y puritanismos extremos que me recuerdan una novela de Nathaniel Hawthorne, *La letra escarlata*, en donde una mujer adúltera es estigmatizada públicamente y obligada a portar sobre su vestimenta la señal ominosa de su pecado.

El *MeToo* es el resultado de una violencia reiterada e impune durante siglos y verbaliza algo que durante largo tiempo fue inverbalizable; también y por desgracia puede convertirse (y se ha convertido) en un signo de puritanismo e intolerancia que queda asociado con el fundamentalismo.

LAS OTRAS

Jimena González

Jimena González (Ciudad de México, 2000), joven escritora y poeta en voz alta. Estudiante de Letras Hispánicas en la Facultad de Filosofía y Letras de la unam. Su poesía ha conocido escenarios como Casa del Lago Juan José Arreola, Museo Universitario del Chopo, Festival Lit&Luz 2017 en el Museo Tamayo de Arte Contemporáneo, entre otros. En septiembre de 2017 publicó su primer poemario-fanzine *Nombrar la sangre* con Editorial Versonautas. Es miembro de Proyecto pom, donde conduce torneos poéticos o *Slam Poetry* en la Ciudad de México y becaria creativa del Centro Transdisciplinario Poesía y Trayecto A.C.

Las mujeres de mi familia,
familia de mi padre
siempre son «las otras»;
no tienen nombre propio
cuando son evocadas
por sus mal llamados
amantes.

Todas Josefinas,
llorando manchas violeta
ocultas en el cuello.

Todas Josefinas
esperando,
que Benito
deje a su mujer,
deje de beber,
deje de vivir.

Por el lado «de la Luz»
mis raíces son mujeres
adornadas de «des»
mujeres desesperadas,
despechadas, desgraciadas.

Pero nunca, nunca
nunca des-enamoradas.

Escribo
para sanarme, para sanarlas,
para ser algo más que víctimas,
alguien más que «algo»
mucho más que «otras».

Para desarraigar la competencia
con la que nos adoctrinaron

Escribo para aprender que
amamos mucho y a muchos,
y no es motivo de vergüenza.

Que deseamos a muchos,
los deseamos mucho.
Y eso nunca nunca debe doler.

Porque vengo de una familia
de mujeres que se sienten obligadas
a reírse de los chistes ofensivos
de sus maridos ebrios.

De mujeres encerradas y silenciosas;
escribo para enseñarles a gritar,
para arrancarles del alma
el «tú, te callas».

Escribo por mi abuela Josefina,
para que reencarne en bailarina

Por mi tía, para que no vuelva a llorar
para que no le duelan los huesos.

Para que mi abuela, María, deje
a mi abuelo, muchas veces más
Y tenga novios,
muchos, muchas veces más,
que siga escribiendo poesía
y ya no tenga miedo
de mostrar sus pechos.

Grito por las rodillas sangrantes
de mi bisabuela Emilia,
haciendo mandas a la virgen,
para que reencarne
en el mar de Guerrero
y tire los altares de un tsunami.

En mis pies enredo sus raíces
y en mis manos sus nubes
para que Ale no vuelva a Morelos
y Gabriela se canse de Noé,
para que el dolor se vaya
con la facilidad con que
nuestros padres se fueron.

Para no volver a ver
mi cuerpo de 11 años
tirado en la cocina
pidiendo perdón.

Por no darle de comer
a mi abuelo de nuevo
con sus ojos lascivos.

Y para no defender la pureza
de falsos profetas consanguíneos
que me apretaron el pecho
hasta romperme.

Para que ningún malnacido
vuelva a restregar su cuerpo
en las piernas de mi prima
cuando vuelve de la escuela.

Y romper el maldito
maldito círculo vicioso
de los «secretos de familia»
manchados de pedofilia,
incesto, golpes y sangre.

Para que todas
podamos ser nombradas

Para que no deje
de retumbarnos
en la cabeza
hasta que gritemos.

Alzo la voz para no negarnos,
porque tenemos nombre
y no dejaremos que lo olviden.

HERRAMIENTAS DESOBEDIENTES

Gabriela Jauregui

GABRIELA JAUREGUI (Ciudad de México, 1979) es autora del libro de cuentos *La memoria de las cosas* (Sexto Piso, 2015), así como del libro de ensayo y poesía *ManyFiestas* (Gato Negro, 2017), de los poemarios *Leash Seeks Lost Bitch* (Song Cave, 2016) y *Controlled Decay* (Akashic Books, 2008) y co-autora de *Taller de Taquimecanografía* (Tumbona, 2011). Es doctora en literatura comparada por parte de la Universidad del sur de California, obtuvo la maestría en escritura creativa por parte de la Universidad de California, Riverside, y una maestría en literatura comparada por la Universidad de California, Irvine. Es editora y co-fundadora del colectivo editorial Surplus Ediciones en México, y presidenta del Jurado del Premio Aura Estrada para jóvenes escritoras. Ha sido seleccionada como una de las 39 escritoras más prometedoras en América Latina de menos de 40 años en la lista Bogotá39 (2017) y como Soros New American Fellow (2007).

«Escribir el cuerpo», como se lo planteó Woolf y se propone Hélène Cixous, es sólo el principio. Tenemos que reescribir el mundo.

URSULA K. LEGUIN

Cómo reescribimos el mundo cuando «Las herramientas del amo nunca desmontan la casa del amo», como declaró en 1979 la gran poeta Audre Lorde, en la Primera marcha por la liberación Gay y Lésbica en Washington. Siempre he concordado con eso: ni el racismo ni el patriarcado se acaban desde dentro: jamás he creído que la crítica institucional al interior de las instituciones sea muy efectiva, por eso no soy parte de la academia. Pero luego me pregunto: ¿cómo empezamos entonces? ¿Desde cuál línea de fuga, en qué zaguán del pensamiento nos posicionamos para salir de la situación actual de muerte? ¿Qué herramientas armamos nosotras? ¿Como mujeres —y más allá del ser o definirnos como mujeres—, cuáles son nuestras herramientas para construir un mundo donde estemos a salvo, donde podemos vivir y no sobrevivir? ¿Cómo hablamos desde espacios que no repliquen lo que criticamos, que no se conviertan en cisexistas, clasistas, racistas o idealicen ciertos tipos de cuerpos a expensas de lxs otrxs diferentes? ¿Cómo ampliar nuestro pensamiento? ¿Cómo nos volvemos hospitalarias? Hemos inventado herramientas nuevas y propias, y también hemos resistido con algunas herramientas transformadas. ¿Quiénes tienen acceso a ellas? ¿A quién se las hemos cedido y de quién las tomamos (a veces, sí, por la fuerza incluso)? ¿De dónde emergen, cuales desequilibrios producen y quiénes los padecen?

El lenguaje es una de estas herramientas, una de nuestras tecnologías más antiguas, que peleamos por transformar constantemente y que readaptamos y reimaginamos a diario. Si prácticamente todo pasa por el lenguaje, entonces ¿cómo buscamos esa otra forma de contar, como la llamaría John Berger, que no pase por encima de, que no arrolle, deje a un lado, fuera? Una tarea difícil, y sin embargo necesaria, una tarea que no busca el consenso, sin duda, sino la heterogeneidad.

Partimos pues en / de la heterogeneidad: nos partimos, hacemos parte, somos parciales en la diferencia. Hablamos y escribimos en esta lengua, legado del colonialismo, la misma con la que nos han tratado de silenciar de tantas formas durante siglos. Y sin embargo, aquí mismo reside la fortaleza: en la palabra compartida, en este tejido que tendemos como red en la que nos entretejemos, nos enredamos. Quedamos pues enredadas desde ya. Estamos comprometidas. Empiernadas. Empedernidas en seguir. Pregunta Ursula K. Le Guin (en el mismo texto que cito de epígrafe, *La hija de la pescadora*):

> ¿Es en la playa, junto al mar, al aire libre, donde las mujeres escriben? ¿No lo hacen en un escritorio, en un cuarto destinado a ese propósito? ¿Dónde escribe una mujer? ¿Cómo se ve escribiendo? ¿Cuál es mi imagen, cuál la de ustedes, de la mujer que escribe? Interrogué a mis amigas: «Una mujer escribiendo, ¿qué es lo que te viene a la mente?» Casi todas hacían una pausa antes de responder; después, en cuanto evocaban la imagen, los ojos se les iluminaban.

Hagamos una pausa. ¿Qué ven ustedes?

Ya antes, de muchas formas, he denunciado —la más concreta, siento, a través de un proyecto a ocho manos, llamado *Taller de taquimecanografía*— aquella respuesta obligada: que una mujer escribiendo es una mujer tomando dictado. También he tenido que responder, porque la circunstancia no me permite otra cosa, que una mujer escribiendo es una mujer muerta. Silenciada. Descuartizada. Encajuelada. Pero hoy no vine a hablar de esos finales. Hoy vine a imaginar comienzos, hoy parto, a pensar en fisuras, a contradecir(me), a hacer(me) preguntas, escribiendo justamente. Estas son mis herramientas. ¿Cómo las libero de las garras del amo? ¿Cómo *hackeamos* el lenguaje para que sea nuestro? ¿Cómo lo readaptamos? ¿Cómo contamos nuestra insubordinación?

En la historia del feminismo ya existen varios ejemplos de lo anterior, desde las más actuales formas transfeministas y queers de utilización de las hormonas (véase la interesantísima experimentación de Paul Preciado narrada en *Testo yonqui*), hasta el uso setentero del espéculo como herramienta de autoconocimiento y autocuidado, por mencionar algunos. Pero anteriormente ya existían formas de comunicar, de hacer lo común —que jamás será ni debe ser lo universal. Están los ejemplos más contundentes de resistencia en comunidades, donde las mujeres son en su mayoría las encargadas de y las que llevan a bien la defensa del territorio, de búsqueda de desaparecidos, de cuidado de la lengua, poniendo sus cuerpos y sus saberes en la línea. También aquellos métodos de comunicación en resistencia más antiguos: pienso aquí en esa mujer que cosía *quilts*, cobijas con mensajes encriptados en sus diseños para comunicar mensajes en el ferrocarril subterráneo de esclavos, o en las mujeres que todavía hoy en países del oriente medio y lejano tejen tapetes con mensajes en los nudos. Pienso en aquellas amas de casa o madres solteras que se unían a las fiestas Tupperware, para hacerse un «guardadito» o ganarse la vida, pero también —y quizás sobre todo— para salir, salir de esas cocinas donde eran muchas veces prisioneras, para salir y compartir historias de violencia doméstica, de abortos clandestinos, de supervivencia, algo que a menudo sigue pasando debajo de los ojos vigilantes del patriarca a través de las ventas por catálogo y «tandas», como se les llama comúnmente acá en México, o en la fila de las tortillas en las comunidades migrantes de EUA (como hacen en Latino Health Access en el sur de California, por ejemplo). Y también como ejemplo de respuesta más directamente ligado a mi pregunta: ¿cómo escriben las mujeres hoy? La respuesta más mundana y cotidiana, pero que atraviesa clase y raza y fronteras es: en su teléfono móvil, en redes sociales y grupos de chats para personas que se identifican como mujeres o de género no-binario (yo pertenezco a varios de estos grupos cuyos nombres no comparto para guardar su privacidad, parte esencial del ser espacios seguros). Evidentemente, es importante señalar que estos espacios que no quiero ni nombrar están en constante fricción con la ideología que está detrás de sus soportes mismos (esas herramientas creadas por el capitalismo más puro y la ideología de mercado más absoluta) y por lo mismo no son la mejor plataforma para movilizarnos. No sé siquiera si llamarlos espacios seguros, pues son espacios vigilados hasta cierto punto, pero sí son espacios de libertad de expresión, espacios de diversidad. Quizás un primer paso. Porque sin embargo, sí, sin embargo, están pasando cosas allí. En todas partes se cuecen habas. Entonces, ¿cómo reutilizamos, o, en las palabras de Nadia Cortés, reescribimos esas herramientas pertenecientes al capital? ¿Cómo las desviamos? De entrada, al ser pensados como espacios diversos, divergentes, desviados estamos ya haciendo políticas en transfemenino y en estos espacios-tiempos, como ha observado Raquel Gutiérrez: «Se produce un lenguaje específico que una y otra vez se empecina por hablar, que insistentemente trata de decir. Y aquí vale la pena reiterar que no estoy hablando de esencialismo alguno. Cada quien somos mujeres de tan diversos modos que en ocasiones no nos reconocemos entre nosotras». Y yo volvería a insistir en aquellxs cuyo género va más allá del binario o de las definiciones cisexistas de mujer o de lo femenino en su sentido más cerrado y conservador, sobre todo, por ejemplo las definiciones cerradas que ciertos grupos de mujeres han hecho y desde las cuales han definido su «feminismo». Esa definición la ampliaron ya muchas otras antes de mí con sus cuerpos y es esa definición que activo acá. No ampliemos lo «universal» (es decir lo neutro, es decir el hombre como grado cero del ser humano) para incluirnos, sino mejor pensemos en cómo ya se han ampliado nuestras

92

definiciones de género, nuestra enunciación, para ser muchxs más. Aquí una nota que rehúsa quedarse al margen, que desde abajo nos interpela y brinca desde el pie de página: aquí y en el resto de este texto desapropio la palabra mujer para referirme a cualquier persona que se identifique como tal, más allá del ser cis y/o hetero, es una palabra que emplean personas trans y no binarias porque así se nombran, y siento que muchas de las mismas preguntas y violencias atraviesan nuestras vidas, nuestros cuerpos. Lo mismo cuando se emplea la palabra femenino en el texto. Usémoslas como salvoconductos temporales en la espera de que sigamos transformando nuestra lengua para generar un vocabulario más adaptado a nuestras realidades. Todo esto no en un afán falsamente «correcto», me interesa poco la corrección y abogo por la desobediencia y la complejidad, pero, como dice el xenofeminismo: «el objetivo de esta proliferación no es el hermoso florecimiento de cien opciones de menú, sino buscar cortar las ramificaciones sociales asociadas a la matriz heterosexual». Buscar.

Pero me desvío, sí, siempre desviada, me enredo. Vengo acá entonces a hablar de las voces, a articular un horizonte de palabras que se tejen en espacios virtuales, no espacios de una modernidad alternativa, sino, como dice Margara Millán, como una alternativa a la modernidad. Espacios hackeados, espacios que se van abriendo, bajo los ojos mismos del amo, del capital, del patriarcado, del Estado y dejándolos ciegos ante lo que allí se urde: un tejido profuso y difuso en el cual buscamos otras formas de relacionamiento. En los múltiples grupos en los que participo hay mujeres y personas de géneros no binarios hablando y creando lenguajes específicos para estos espacios. Hay personas escuchándose, respetando su diversidad e incluso acordando en sus desacuerdos desde el más profundo respeto y haciendo uso de uno de los gestos políticos más relevantes: la escucha. Ante la sensación, como decía Raquel Gutiérrez, de vivir en un sistema de «sexo / género existente, es como si siempre se nos pidiera que estuviéramos [...teniendo] que hacer traducciones desde nuestra "lengua materna", desde nuestras pautas comprensivas». Ante la traducción perpetua, abramos espacios de escucha atenta. De *lingua franca*. De deslenguadas. Aquí, aunque algunas callan, nadie es silenciada. Se abre un espacio anti autoritario.

Una pregunta que me viene a la mente es, cómo, a pesar de la tecnología o a través de ella, mantener los espacios virtuales como espacios subversivos. ¿Cómo hacemos para no caer en las trampas del conservadurismo capitalista ni de la desesperanza opresiva que caracterizan las actividades en la red? ¿Cómo le damos la vuelta al hecho que de por sí estas herramientas nos sirven de muletas (es más, cómo usamos la muleta para madrearnos al patriarcado)? ¿Cómo los usamos como fuentes de saber no monopolizado? ¿Cómo nos cuidamos de empezar a ejercer poder en la distancia de un espacio sin cuerpos? Y por lo mismo también: ¿cómo declaramos este espacio uno de placer y gozo? ¿Cómo hacemos que al mismo tiempo que las diferencias que podrían recrear justamente dinámicas de marginación o subalternización, incluso neocolonización, y que no se «ven» porque no están marcadas (color de piel, forma de cuerpo, etc), sean liberadoras en estos espacios, al mismo tiempo que la ausencia de nuestros cuerpos no borre la diferencia en busca de un anonimato fácil y «cómodo»? El cuerpo es uno de los sitios que interroga justamente la difusión y lo etéreo (¡que no lo hetero!) de estos espacios: me parece que una de las cosas interesantes y políticamente relevantes para mujeres y personas no binarias en un espacio virtual así es que, si justamente nuestros cuerpos han sido los repositorios de las violencias machistas, clasistas, racistas, entonces —y me escucho por primera vez argumentando a favor de algo donde hay mediación entre los cuerpos y me sorprendo y contradigo, ya que anteriormente todas mis búsquedas y escritos apuntaban hacia las políticas situadas de cuerpos muy presentes, en las fiestas, por ejemplo— estos espacios virtuales, donde los cuerpos están envueltos en capas, permiten que puedan ser menos esenciales, o esencializados. No es que estén desmaterializados, sino que allí se crean otras formas de sentir y hacer el cuerpo. En un espacio con cuerpos envueltos en capas y capas, de pronto se pueden abrir posibilidades de hablar de cosas que no se hablarían, de sentirse en paz con guardar silencios y no presionadas a participar de formas coercitivas, respetadas en nuestras diferencias y también abrazadas en nuestras experiencias similares. Y acá no hay que olvidar que todo antídoto lleva un poco del veneno dentro, es decir que la plataforma también determina los comportamientos y hay personas que parecen más «correctas» o «amigables» de lo que son en la vida real. Y sin embargo, me encuentro abogando por esos espacios, me contradigo, me enredo nuevamente en la red de la pescadora.

Si en lo público las mujeres cargamos con nuestra letra escarlata bien visible: una minifalda demasiado corta, o un pantalón demasiado masculino, demasiado labial, o no suficiente maquillaje, demasiado peso, demasiado pigmento en la piel, pelo demasiado corto, o largo, o crespo, demasiado femenina, demasiado machorra, siempre en falta, siempre intrusa, siempre extraña o extranjera dentro de lo «normal» (de la norma, léase heteropatriarcal), nuestro ser juzgadas y objetivadas y disciplinadas a través de nuestro cuerpo, entonces quizás hay momentos en que la ausencia de ese cuerpo de carne y hueso, su disfraz detrás de un avatar, puede ser liberadora, libertaria, incluso desobediente y creativa. Y la creación de esos avatares no surge nada más así de la nada, es el reflejo de una práctica incorporada. Sí, pregúntenle a una mujer de una comunidad colonizada o en riesgo, si no es experta en crear avatares para sobrevivir. He visto de primera mano que en estos espacios las participantes entonces sienten confianza para preguntar o compartir cosas que ni siquiera en una terapia grupal se atreverían: a través de la escritura se comparten heridas tan profundas y escondidas que en otros contextos dan vergüenza; en estos espacios también, y de la forma más natural, se teje entonces solidaridad, a veces de una a una, a veces más, se agrupan recursos (no materiales, pero a veces sí, también materiales), se comparten saberes y haceres, se habla desde la insubordinación más radical sin miedo a ser señaladas ni castigadas. Sí creo que las herramientas cambian al ser colectivizadas y politizadas. Sí creo que entonces hay formas de agrietar lo que representan: la necropolítica de un falocapitalismo empeñado en hacernos desaparecer de las formas más diversas. Pues acá reaparecemos neciamente, viral y pluralmente.

Si a la vez que Twitter se volvió un espacio de denuncia en contra de violencias machistas, también se volvió un espacio donde las mujeres y personas queer y trans son violentadas verbalmente de las formas más atroces y preocupantes, entonces estos grupos en otras redes sociales se abren para verbalizar de formas seguras. Si en los años setenta se abrían grupos (clandestinos) para hablar y ejercer la soberanía reproductiva, hoy aprovechamos espacios de reproducción tecnológica y virtualidad para seguir cuestionando la falta de espacios seguros en la vida, para seguir organizándonos en torno a los derechos a escoger y a nuestras autonomías corporales más allá de los cercos de las instituciones médico-capitalistas, para hablar de cuestiones de acoso, violación, violencias domésticas varias, sin miedo a ser retraumatizadas o amenazadas, pero también se vuelven espacios para celebrar cumpleaños, festejar logros, compartir direcciones y datos de contactos profesionales, colectivizar historias de crianza, pasar en conjunto momentos de felicidad o desesperación, hacer parte de retos personales y profesionales como mujeres o personas de géneros no binarios, compartir textos, publicaciones, artículos, tuits, ligas a sitios de interés, todo esto de a través de espacios-tiempos que permiten hacerlo de forma segura pero también y siempre abriendo espacios y momentos para reunirnos en vivo. Con la excepción de algunos grupos con gente de geografías muy, muy diversas, donde es más difícil encontrar un punto de reunión para todas las integrantes, en realidad casi todos los grupos a los que pertenezco buscan también encontrarse de forma encarnada para que justamente no todo se quede siempre en la virtualidad.

Aquí seguimos, aquí estamos, «aquí» puede significar muchas cosas, algo distinto y preciso en un momento y en otro. Escuchamos nuestras voces, y voz no se refiere al sonido de unas cuerdas vocales resonando, sino, como dice Rebecca Solnit, a «la posibilidad de hablar, de participar, de experimentar y ser experimentada como una persona libre y con derechos». Es un espacio seguro mas no de comodidad ni de confort, puesto que éste generalmente se construye a expensas de otrxs. El confort o la comodidad son palabras por demás ligadas a la opresión de unos por parte de otros (burguesía, hombres que se sienten incomodados, etc.). Es un espacio que debe cuestionarse justamente estos conceptos que damos por sentados y siempre buscar abrir ese sentimiento de posibilidad del habla, del enunciar de la forma más transversal imaginable, cuestionar siempre que se busque disciplinar no sólo los cuerpos, sino esta otra forma de emitir nuestra voz. Abrir la imaginación a nuevas posibilidades en nuevos medios quizás más seguros y más radicalmente desobedientes (o verdaderamente desobedientes) que esas redes sociales y chats *siliconvalleyeros* (donde, como dirían «un mundo nos vigila»). Aquí me viene a la mente, como ejemplo verdaderamente subversivo, la red de telefonía celular, Red Comunitaria de Talea (RCT), que montaron en Oaxaca en la comunidad de Villa de Talea de Castro —a 115 kilómetros de la Ciudad de Oaxaca— como respuesta a la falta de servicio y como resistencia radical a las tarifas abusivas y prohibitivas de Movistar y Telcel (que, como bien sabemos, es el cuasimonopolio de uno de los hombres más ricos y poderosos del mundo, puesto en jaque / hacke por una comunidad marginadísima). Otro ejemplo importante es la iniciativa de salud de las «brujas cyborgs» de CynePunk, quienes desarrollan instrumentos de salud con «basura» tecnológica para auto aplicarse pruebas papanicolau, entre otras formas de *biohacking*, y que se inspiran en formas de desapropiación de herramientas en comunidades marginales en la India, para usarlas como forma de conocernos desde nuestras propias habilidades. Estas ya son formas de desviación de la tecnología desde diferentes horizontes que los de las feministas blancas europeas o estadounidenses. Es decir, son ejemplos de cómo pensamos en, desarrollamos y colectivizamos saberes y tecnologías (y aquí me refiero a la definición más amplia de tecnología) que, como dicen las transfeministas y la economista Angela Corsani, logren una apreciación de la transversalidad de la opresión; la solidaridad con la organización emancipatoria y autodirigida de lxs otrxs, y tengan la disposición de «comprometerse con las conexiones rizomáticas entre resistencias e insubordinaciones». Siento que buscar formas alternativas de hacer comunidad y comunicar, de hablar, escribir y contar, de tejer y deshilar histo/erias enredadas es un buen principio, uno factible. También ya enumeré un par de ejemplos más complejos y que me parecen tremendamente inspiradores. Aquí les invito a sumar investigaciones, experimentos, a instigar búsquedas y diálogos en sus propias redes que hablen de este tema. Cuando vemos a una mujer (quien se defina como tal) escribiendo, entonces: ¿qué veremos? ¿Qué escribirá? ¿Qué futuros posibles, cuáles existencias nuevas, qué decisiones autónomas y libres cuenta, qué resistencias describe, reteje, inscribe, y vive en su cuerpo y más allá? Para muchxs de nosotrxs, si estos sistemas políticos y materiales parecen difíciles de navegar, es porque los amos han querido obnubilar esos saberes, pero hago hincapié en los ejemplos transversales mencionados más arriba que derrumban fronteras de clase, raza, género y habilidad para mostrarnos que esa apariencia de dificultad o inaccesibilidad es una construcción falaz: desapropiemos las herramientas del amo, repensemos nuestro lenguaje, nuestras comunidades autodefinidas, que resuenen nuestras voces hasta que logremos transformar no sólo nuestros cuerpos, sino los sistemas políticos dentro de los cuales se ven inmersos y disciplinados. «Empezamos a hablar el idioma de los pájaros o reapropiamos las palabras», como dice Silvia Rivera Cusicanqui. Entonces que nuestras lenguas sean desobedientes. ¿Por dónde empezamos? Sí, estas formas de comunicarnos son provisionales y desapropiadas (que no es lo mismo que inapropiadas), y tengo la esperanza de que son las piedritas que nos ayudarán a cruzar el arroyo hasta una posible transformación duradera y un mundo donde construimos la emancipación de todas las personas. Saquémosle punta a los lápices, afinemos nuestras habilidades taquimecanográficas, nuestros dedos ágiles, nuestro lenguaje de *coding*, nuestros utensilios domésticos des-domados, nuestras voces de merolico aulladoras, de cantantes locas, de aves raras, nuestras imaginaciones rebeldes y hagamos *eu*topía, es decir, buen lugar: un mundo mejor aquí mismo y desde ya.

NO ADÓNDE VA, SINO DE DÓNDE VIENE

Brenda Lozano

BRENDA LOZANO (Ciudad de México, 1981) es narradora, ensayista y editora. Estudió literatura en México y Estados Unidos. Ha tenido residencias de escritura en Estados Unidos, Europa, América del Sur, Japón y ha sido antologada en diversas ocasiones. Edita en la revista literaria *Make* de Chicago y es parte de la editorial Ugly Duckling Presse de Nueva York. Su primera novela *Todo nada* (Tusquets, 2009) será llevada al cine. *Cuaderno ideal* es su segunda novela (Alfaguara, 2014) y *Cómo piensan las piedras* (Alfaguara, 2017) es su primer libro de cuentos. En 2015 fue reconocida por el Conaculta, Hay Festival y el Consejo Británico como una de las escritoras menores de 40 años más importantes de su país y forma parte de Bogotá39, entre los 39 autores más destacados de Latinoamérica de menos de 40 años. Actualmente vive en la Ciudad de México.

Cualquier acto, considerarlo desde el lado no del objeto, sino del impulso.
No adónde va, sino de dónde viene.
Simone Weil, «*La necesidad y la obediencia*»

Acompañaba a un amigo a fumar afuera de un bar, nos preguntábamos por qué la sociedad ahora es más receptiva que antes a escuchar las historias de violencia en contra de las mujeres, por qué ahora y no antes, por ejemplo, se escucha la denuncia pública de una mujer que señala a su violador, mientras que ese mismo abuso hace diez o veinte años no habría llegado a la prensa. Nos quedamos largo rato en la calle dándole vueltas al tema mientras mi amigo prendía un cigarro tras otro, se nos iba el tiempo intentando respuestas, había un chico borracho recargado en un poste al que el teléfono le iluminaba la cara, que de pronto se acercó y dijo: «Porque la sociedad hoy es mejor que antes». Esa hubiera sido una respuesta ideal, un final feliz, incluso. Nos pidió un cigarro, pero mi amigo se dio cuenta de que ya no tenía más y después de mentarnos la madre se encaminó a un par de cuadras a un 7-Eleven. Por qué la sociedad ahora es tal vez más receptiva que antes a la violencia de género es una pregunta sin respuesta. Al menos no creo que haya una respuesta única. Quizás sea un camino sin meta, una caminata sin otro fin que las preguntas que van apareciendo.

Es posible que la sociedad sea más receptiva que antes a escuchar la denuncia de un abuso de género, ¿pero hasta qué punto es escuchada? Podríamos decir que hay casos en los que las denuncias tienen a las redes sociales como antesala, si es que el caso llega a la prensa o a las autoridades correspondientes, y las redes sociales no son el único lugar en el que se hace pública la denuncia. Me gustaría detenerme un poco en el caso de Twitter, porque creo que ahí hay una maqueta a escala de algo más grande. Por un lado, un *timeline* permite una horizontalidad que no era posible en la prensa hace diez, veinte años, la información ahora es ordenada arbitrariamente, nos llega lo que tuitean o retuitean quienes seguimos. Esa horizontalidad rompió con las viejas jerarquías de la primera plana, la cultura, sociales, las notas curiosas y personales. Lo socialmente relevante convive aleatoriamente con lo personal, los feminicidios, las decisiones políticas que afectan a un país, con lo cotidiano, como el comentario de alguien quejándose de un café frío con un piadoso *like*, tal vez al lado de una nota curiosa junto a un meme. Antes la información tenía una narrativa predominantemente jerárquica, fálica, de mayor a menor. Como escribió Perec en tiempos de la prensa impresa, los aviones sólo empiezan a existir cuando se estrellan, y cuantos más pasajeros muertos, más existen, pero «los diarios hablan de todo, salvo de lo diario». Algunos noticieros y periódicos aún mantienen esa verticalidad fálica —cada nota es una eyaculación, un evento cúspide—, sin embargo, en un *timeline* otro tipo de información, otro orden es posible y, por lo tanto, otra narrativa es posible. En Twitter sigo algunos periódicos, blogs de noticias, amigos, conocidos, desconocidos, editoriales, cuentas de memes, gente que me cae bien pero no conozco en persona, sigo toda clase de cuentas, y prefiero esa horizontalidad que la vieja verticalidad de un periódico. Una de las implicaciones que tiene la horizontalidad de un *timeline* supone, idealmente, una utopía, la horizontalidad en las interacciones, pues es sencillo comentar el tuit de un amigo, el de una actriz famosa, un político, un periodista o el de un completo desconocido. Esa utopía invisibiliza lo que de forma física sería evidente en la calle, idealmente un *timeline* desdibujaría el clasismo, la misoginia, la xenofobia; porque existe la posibilidad de crear un alias eligiendo una foto de perfil, un sobrenombre, una forma de ser. Sin embargo, el otro lado de la moneda permite lo contrario: la distancia física en las redes sociales permite que esa interacción sea más rabiosa, más violenta, misógina, clasista, xenófoba, y muy venenosa. Al tiempo que Twitter es el espacio de la horizontalidad de la información y las interacciones es también el espacio en el que se puede ejercer la peor violencia verbal contra una mujer, tal vez porque si ocurriera esa misma interacción en la calle supondría un crimen. Los comentarios pueden ser más extremos por el anonimato y la distancia que suponen. Twitter es la utopía para la violencia verbal.

He visto una gran cantidad de ataques hacia mujeres que denuncian un acoso que van desde un cuestionamiento soso hasta las frases más violentas, ambos extremos tan parecidos a un golpe que termina dirigiéndose más en contra de quien golpea que en contra de la persona a quien va dirigido. Pero este tipo de interacciones tienen un mensaje encriptado: buscan ignorar, no escuchar —que no es lo mismo que callar, pues no escuchar supone que hay espectadores o lectores de un mensaje. Y hay muchas formas de ignorar una denuncia pública. Una de las interacciones más comunes en Twitter busca acusar a la mujer de haberlo denunciado en su cuenta «para llamar la atención». Otra muy común es cuestionar por qué no lo hizo antes, poco después de ocurrido el abuso, o esa falsa pregunta «¿por qué denuncia en Twitter y no ante las autoridades correspondientes?». Otra de las más comunes es cuestionar por qué iba vestida de tal o cual modo, implicar que su forma de vestir provocó al acosador o al violador. ¿Por qué será que seguimos culpando a una mujer por su forma de vestir y no al hombre por su forma de actuar? ¿Por qué será que pedimos a las adolescentes que no se vistan de tal o cual forma y no educamos a los hombres a no abusar o violar a una chica? Tal vez el grado cero de no escuchar sea precisamente leer el mensaje y hacer caso omiso, como si la denuncia del acoso o la violación fuera un paso más, uno que rápidamente queda atrás.

Mary Beard tiene un ensayo brillante en torno al tema de callar a las mujeres en el que examina de cerca la relación entre las mujeres y el poder. Leyendo ese ensayo me preguntaba qué pasa con las mujeres en el día a día, qué pasa con aquellas que no tienen poder, y qué pasa cuando se trata de una denuncia de abuso sexual y no únicamente callarla al hablar o dar una opinión. El punto de partida de Mary Beard en *La Odisea* es el primer ejemplo documentado de un hombre callando a una mujer, el instante en el que Telémaco le dice a Penélope, su madre: «Vuelve a tu habitación, ocúpate en las labores que te son propias, el telar y la rueca, y ordena a las esclavas que vayan a sus labores; de hablar nos cuidaremos los hombres, y principalmente yo, porque mío es el mando de esta casa». Ojalá fuera una vasija griega, una reliquia antigua a la que le tomamos una foto con distancia y asombro. Esa frase de los espejos laterales en los coches aparece como una revelación, los objetos que vienen de 2,700 años atrás están más cerca de lo que aparentan. Me pregunto qué pasa cuando en este sistema patriarcal, el mismo de Telémaco, hay una denuncia de abuso. ¿Qué pasa cuando una mujer denuncia un abuso y es deliberadamente ignorada? ¿Por qué se decide ignorar un mensaje como este?

Por ejemplo, este. En junio de este año una menor de trece años, de nombre protegido por la prensa, se suicidó luego de que la violaron. Antes de colgarse se escribió en el cuerpo los nombres de su tío y primo, quienes abusaban sexualmente de ella (de acuerdo con el INEGI, los principales agresores sexuales en la infancia de las mujeres son en primer lugar los tíos, con un 20.1 %, vecinos o conocidos, 16 %, y primos, 15.7 %), además de escribirse el nombre de una chica en la secundaria que la humillaba públicamente por su origen humilde. La encontraron en su casa, en Tenango de las Flores, Puebla. Aunque no conocemos el mensaje que se escribió en el cuerpo, una amiga suya declaró anónimamente: «En su cuerpo dejó escrito todo lo que le hacían. Nombres y todo». La abandonó su madre, una tía la adoptó, la llevó a su casa, donde años después abusaron de ella y la encontraron muerta por asfixia mecánica. Las autoridades dijeron que no hubo una denuncia oficial ante la SEP o ante la dirección de la secundaria a la que asistía, por lo que no habían podido actuar. Sin embargo, había contado que sufría abusos en su casa y en la escuela. No sabemos mucho, pero sabemos que usó su cuerpo para escribir ese mensaje detallado con el que finalmente fue escuchada.

¿Por qué tuvo que escribirse el mensaje en el cuerpo para ser escuchada?

¿Qué tan cerca estamos de la misoginia de Telémaco?

¿El tiempo avanza en línea recta o avanza en círculos?

Es conocida la baja opinión que los grecolatinos tenían de la mujer. Pandora, la primera mujer, es descrita por Hesíodo —el padre de la historia— como un «bello mal». Demóstenes, el gran orador ateniense, dijo: «Tenemos hetairas para nuestro placer, concubinas para nuestras necesidades diarias y esposas para que nos den hijos legítimos y se ocupen del cuidado del hogar». Para Platón las mujeres eran, esencialmente, mera reproducción. Para Aristóteles las mujeres eran inferiores a los hombres: «El macho es superior por naturaleza y la hembra es inferior». Séneca califica a la mujer como «un ser irracional». En otras palabras: el hombre gobierna y la mujer se somete a su gobierno. Lo que implica que si el aspecto físico de una mujer resulta atractivo para un hombre, puede violarla. Podríamos decir que Zeus tuvo un historial más largo que el de Harvey Weinstein, y se transformó en una cantidad de animales para violar a todas las mujeres que quiso. De hecho, toda su descendencia, salvo Dionisio y Atenea, son producto de estas violaciones. En Eurípides, por ejemplo, una tragedia explota cuando una mujer desafía esa jerarquía patriarcal. De los tres trágicos, mi favorito es Eurípides, en parte porque sus tragedias tienen personajes más complejos, parecen tener más dimensiones, y en parte porque principalmente llevan la trama mujeres. Sin embargo, es interesante ver cómo esas protagonistas desestabilizan el orden patriarcal. Medea, por ejemplo, se lamenta de las infidelidades de su esposo, mata a sus hijos y la obra termina con esa última escena que tanto criticaba Aristóteles, esa redención sin castigo en la que Medea vuela en un carro hasta desaparecer y poner fin a la obra, que se parece mucho a los argumentos del juicio en contra de *Madame Bovary* muchos siglos, demasiados siglos después.

En 1857 *Madame Bovary* fue llevada a la corte por ofensas a la moral pública y a la religión. El juicio fue redactado por Ernest Pinard, un joven abogado imperial que tenía casi la misma edad que Flaubert. Lo leyó en la Corte de Justicia que estaba a reventar de gente ese día (entre ellos, el joven Flaubert y Maxime Du Camp, su editor y amigo). Como nadie en la novela castiga los adulterios de Madame Bovary, muere joven, dejando un marido que la ama, y que luego de encontrar las evidencias de sus relaciones extramaritales, la ama aún más después de su muerte, el abogado Ernest Pinard pregunta, furioso, indignado, en la corte: «¿Quién puede condenar a esta mujer dentro del libro? Nadie. Esa es la conclusión; no hay en el libro un solo personaje razonable, si ustedes encuentran en él un solo principio en virtud del cual el adulterio sea estigmatizador, entonces me equivoco».

¿Por qué «puta» sigue siendo un insulto para una mujer con una vida sexual libre?

¿Por qué una tragedia explota cuando una mujer desestabiliza el orden patriarcal?

Por ejemplo, en el caso de Filomela, en *Las metamorfosis* de Ovidio, hay una violación, la denuncia es ignorada, y en el instante en el que una madre mata a su hijo se desestabiliza el orden y las hermanas salen triunfantes de la escena final volando, también como Medea sale volando.

La historia de Filomela comienza con el matrimonio de su hermana Progne y Tereo. Pronto tienen un hijo al que llaman Itis. Progne cae enferma y le pide a Tereo que vaya a casa de su familia para que le traiga a su hermana Filomela para que la acompañe en la enfermedad. Filomela es guapa y cuando Tereo la conoce le dan ganas de raptarla, desea incluso defender su rapto con una guerra si es necesario. Desea a la hermana de su esposa y, de camino a su casa, Tereo viola a Filomela. Ella quiere vengarse, lo amenaza: «Yo misma, abandonando mi pudor, divulgaré tu conducta; si se me presenta el medio, iré ante el pueblo, si se me retiene en el bosque, llenaré el bosque con mis quejas y conmoveré a las rocas confidentes de mi desgracia. Estas quejas las escuchará el cielo y si hay, algún dios en él». Mientras Filomela lucha por seguir hablando, Tereo le corta la lengua con una espada y después de cortarle la lengua vuelve a abusar sexualmente de ella varias veces. Tereo la encarga con unos guardias para que no escape. Vuelve a su casa, le miente a Progne, le dice que Filomela lamentablemente murió en el camino. Tereo finge tristeza al anunciarle la noticia, Progne se viste de negro para guardarle luto a su hermana y la llora sin consuelo. Al cabo de un año, Filomela sigue secuestrada, y un día teje con hilos blancos unas letras púrpuras que denuncian el crimen. Logra pedirle a una mujer, con la que consigue entenderse, que le entregue el textil que tejió a su hermana. En su casa, Progne desenvuelve el tejido, lee el mensaje. Entiende qué hacer, pero decide no decirle nada a su esposo. No conocemos el contenido del mensaje que teje, pero quizás haya sido muy parecido al de la niña de 13 años, de nombre encubierto por la prensa que se suicidó: dejó escrito todo lo que le hacían, nombres y todo. Progne libera a su hermana, la lleva a su casa, le dice que está preparada para no llorar por todo lo que hizo Tereo, está lista para arrancar la lengua y los miembros que la abusaron. Finalmente despedaza a su propio hijo Itis y se lo sirve de comer a Tereo en un guisado, de modo que su estómago es también la tumba de su hijo. Como dijo el abogado Ernest Pinard en el juicio en contra de *Madame Bovary*, nadie condena a estas mujeres dentro del libro, y al final, sin castigo, ambas hermanas se convierten en pájaros y su vuelo es el final de la historia. A Filomela la mano le sirvió de voz: el tejido es la única manera en la que puede enviar ese mensaje, de la misma forma que escribirse el cuerpo es la única manera en la que la menor de edad en Puebla envía su mensaje. A ambas, las manos le sirven de voz. Ambas escriben mensajes que sólo fueron escuchados luego de escribirse. Me pregunto por qué no nos llega el contenido de esos mensajes.

¿Qué dicen esos mensajes?

¿Será que no queremos escucharlos?

¿Por qué sólo son escuchados luego de que están escritos?

¿Cuál es la relación entre esos mensajes desesperados y la escritura?

Tal vez hay algo sobre esto en el origen de la escritura. El caso de Io, también en *Las metamorfosis*, tal vez el Big Bang de la escritura y la aparición de la primera escritora, es muy revelador, pues su escritura es un grito desesperado. En la primera parte de la historia Io es convertida en vaca para ser silenciada, pero en la segunda, escribe algo con la pata. Resulta que Io es hija de un río llamado Ínaco, y para silenciarla, Juno la convierte en una vaca blanca. Quiere quejarse con Argos —quien la vigila con sus cien ojos— pero apenas consigue mugir. Se horroriza de su propia voz convertida en mugidos. Se da cuenta de que no puede hablar como antes, así no puede comunicarle a su padre, el río Ínaco, que fue convertida en vaca, de modo que, imposibilitada a hablar, escribe con su pezuña en la arena al borde del río. Tampoco conocemos el mensaje que escribe Io en la arena, pero tal vez sea como en los otros casos: dejó escrito lo que le hicieron, nombres y todo. Una vez que las palabras están en la arena, su padre descubre que esa vaca es su hija. Aunque el mensaje de Io es un lamento y no un abuso, ninguno de los tres mensajes son palabras fijadas, y en eso se parecen. Están escritos en un cuerpo, en un textil de hilos blancos y púrpuras, en la arena, coinciden en que cuentan una desdicha, una desgracia. Podríamos decir que la primera escritura en la historia occidental, el primer momento en que vemos a alguien escribiendo —tal vez el origen de la escritura—, es el lamento de Io. Quien primero escribe es una mujer contando su desdicha. No sólo eso, su nombre, que también es la primera persona, nuestro punto de vista al hablar todos los días, un género en sí mismo, Io: yo. El punto de partida, esa escritura efímera en la arena, es al mismo tiempo la primera persona fundacional y un lamento. Como si la escritura en sí misma estuviera siempre de la queja Io. Para ir rápido, también podríamos mencionar que la primera novela fue escrita por una mujer en Japón en el siglo X, algunos siglos antes que Cervantes. En tiempos en los que el chino era el idioma culto, el idioma de los monjes y los poetas, Murasaki Shikibu escribió como un quejido en la lengua corriente, en esa recién estrenada lengua vulgar, el japonés, *La historia de Genji*. Que fue más o menos lo que hizo Sor Juana con el español recién estrenado en la Nueva España.

¿Será por eso que el origen de toda escritura es también una queja?

¿Será también por eso que a veces es preferible no hablar, no decir, no escribir, porque esa queja no será escuchada?

¿El silencio puede ser también un quejido?

Tal vez responder «nada», como Cordelia, la menor de las tres hijas del Rey Lear también sea un quejido, un mensaje no escrito, un mensaje en letras negras en un fondo negro. En las primeras líneas de *El rey Lear* vemos el hilo que traza la totalidad de la obra: Lear quiere dividir su reino entre sus tres hijas y les pregunta quién lo ama más. Gonerill, su primogénita, y Regan, la de en medio, le endulzan el oído a su papá, le dicen justo lo que quiere escuchar. Pero cuando llega el turno de Cordelia, Lear le pide que hable y ella responde un seco y tajante «nada».

Lear: ¿Nada?
Cordelia: Nada.
Lear: Nada obtendréis de nada. Hablad de nuevo.

Cordelia es desheredada por su padre y prácticamente no aparece hasta el final de la obra. Quizás porque es más fácil ignorar a la honestidad, Lear no quiere escucharla. Y porque detrás de esa nada hay otro mensaje que no le gusta a Lear. Sin embargo, dice Simone Weil en una de esas frases que son como relámpagos en la tormenta: «Debemos preferir el infierno real al paraíso imaginario». Lear elige ese paraíso imaginario, elige vivir la fantasía de lo que quiere, de las respuestas falsas de sus hijas mayores. Lo más sencillo es tachar de loca a una mujer para denostar su mensaje. Por ejemplo, cuando una mujer es acosada o abusada sexualmente por algún tío, primo o conocido de la familia, la respuesta de Cordelia es la más común porque decir «nada» también es un espejo negro en el que nadie puede mirarse, uno que no devuelve reflejo.

Como sabemos, en las representaciones isabelinas el papel de las mujeres era actuado por hombres. En las primeras representaciones de *El rey Lear*, el actor que interpretaba a Cordelia al inicio de la obra, más adelante interpretaba al bufón. Es decir, Cordelia, la que es tratada como loca porque se rehúsa a mentir como sus hermanas mayores, más tarde aparece, con otra ropa, como el bufón. Esta es una moneda de uso común y corriente porque tachar a una mujer de loca para minimizar hasta desaparecer sus palabras es una de las formas más habituales de descalificar. Quizás nadie quiere escuchar —no silenciar, sino ignorar: no escuchar— cuando un tío, un primo, un familiar abusa de una mujer.

Shakespeare agita el panal en este mismo tema, pero quizás la más anecdóticamente explícita sea *El rapto de Lucrecia*, poema basado también en Ovidio que comienza cuando Sexto Tarquino decide violar a Lucrecia. Colatino y Tarquino rivalizan sobre la fidelidad de sus esposas, y cuando Tarquino se da cuenta de que su esposa no le es fiel decide violar a Lucrecia, esposa de Colatino. Después del abuso, Lucrecia le escribe a su esposo para que vuelva y, en la espera, mira un cuadro que representa la Guerra de Troya. El sufrimiento de los personajes retratados la consuelan. (Chisme: en ese cuadro que mira Lucrecia, hay un espejo que le devuelve su reflejo, pero no lo sabe. Casandra anunció la Guerra de Troya a los reyes y al pueblo, pero nadie la quiso escuchar. Es decir, ella predijo lo que iba a pasar, pero la ignoraron. Ella les avisó el peligro que había dentro del caballo, sabía que dentro iban los griegos armados, su mensaje fue claro, pero los troyanos no quisieron escucharla.) Lucrecia es escuchada luego de suicidarse, su cuerpo marca el inicio de la venganza en contra de su abusador.

¿Será que la misoginia es lo que opera detrás de todo esto?

¿Será que únicamente la misoginia es lo que opera detrás de todo esto?

¿Qué tiene que decirnos ese sistema de engranaje hoy? En Shakespeare hay un misógino ejemplar que tal vez tenga algo que decirnos. Hace poco volví a leer *Hamlet*, lo disfruté mucho. Hamlet es el primer filósofo moderno, tiene momentos hermosos, por ejemplo, en su famoso parlamento. También me pareció mirar de cerca al primer director de cine: un maestro preparando a sus actores antes de entrar en escena, cuando les pide que interpreten la narración de Eneas a Dido, específicamente el asesinato de Príamo, para desenmascarar la muerte de su padre ante su tío, quien ahora está casado con su madre. Hamlet tiene consejos útiles, necesarios, vigentes para los actores, tan buenos que acá va uno: «Tampoco vayáis a exagerar la modestia, sino que debéis dejar que la discreción os guíe. Ajustad en todo la acción a la palabra, la palabra a la acción… procurando además no superar en modestia a la propia naturaleza, pues cualquier exageración es contraria al arte de actuar, cuyo fin —antes y ahora— ha sido y es —por decirlo así— poner un espejo ante el mundo; mostrarle a la virtud su propia cara, al vicio su imagen propia y a cada época y generación su cuerpo y molde».

Pero también me pareció encontrar al primer misógino moderno que tiene un grito de guerra, casi el título de una canción ranchera: «Fragilidad, tienes nombre de mujer». La rabia contra su madre llega a momentos cumbres de la misoginia por ejemplo, cuando le entrega a su madre, la reina, un retrato de su padre para que lo compare con el de su tío, su esposo actual: «Tenéis ojos? ¿Por qué abandonasteis los pastos de aquella cima para pacer en la ciénaga? ¿Tenéis, en verdad, ojos? No me digáis que fue amor, pues a vuestra edad el brío de la sangre está domado y ya es humilde esclavo de la prudencia». Cuando poco más adelante su madre le pide que no le hable así, Hamlet responde: «Sin embargo vivís en el hedor de un lecho de sudor infecto; en una ciénaga de corrupción, gozándoos y haciendo el amor entre inmundicias». Hay también momentos en contra de la pobre Ofelia que le confiesa su amor, a lo que Hamlet responde: «Enciérrate en un convento. [...] Y si alguna vez te casaras, ahí va esta maldición como dote: sé tan casta como el hielo, tan pura como la nieve, que no te has de librar de la calumnia... ¡A un convento! ¡Vete! ¡Adiós!».

Cuando las respuestas de un hombre son tan aplastantes, indagando en lo que la mujer debe o no hacer con su cuerpo, quizás la «nada» de Cordelia sea un buen escudo, un mensaje no escrito, oculto, pero también una tragedia, pues es consecuente con ese patriarcado: una mujer que responde precisamente lo que el hombre quiere escuchar. Tal vez por eso, como las protagonistas de Eurípides que desestabilizan el orden patriarcal, Cordelia sea uno de los personajes más trágicos de Shakespeare. La menor de las hijas de Lear responde con la verdad, y esa es su tragedia. ¿No se parece esto a la fantasía verbal del heteropatriarcado? Y ¿esto no se parece mucho a la pornografía, a la fantasía sexual heteropatriarcal? Tal vez ese eco sea la máxima fantasía sexual. Un hombre que desea escuchar el final de su frase, una mera afirmación de sus palabras, una repetición de sus propias palabras, un eco que traducido en términos físicos es el porno.

Acompáñenme a ver esta triste historia: en la mitología griega, Eco dobla las voces y repite las últimas palabras oídas, Narciso es un joven guapo, deseado por muchas y cuando Eco lo ve se enamora, sigue sus pasos a escondidas. Cuando están cerca, ella lo abraza y él la rechaza, como ya ha rechazado a una gran cantidad de ninfas. Un día, una de las tantas ninfas rechazadas lanza una maldición en contra de Narciso para que cuando ame a alguien no logre gozar al ser amado, y con ello revertir, con suerte, su comportamiento. A la diosa Némesis le parecen justas las súplicas de la ninfa y lo hace realidad. Narciso llega a un manantial cuyas aguas brillantes le atraen, se sorprende y se maravilla de la imagen que encuentra, la suya: se desea a sí mismo como no había deseado a nadie. Besa su propia imagen, su reflejo lo excita. En la batalla de no poderse amar a sí mismo, Eco repite las palabras de Narciso. ¿No es este el punto de vista de la pornografía heterosexual? Virginie Despentes suelta este puñetazo en *Teoría King Kong*: «Después de haber visto centenares de películas porno, me parece simple: en las películas, la actriz porno despliega una sexualidad masculina. Para ser más precisa, se comporta exactamente como un marica en un *backroom*. Tal y como se la representa en las películas, quiere sexo, con cualquiera, quiere que se la metan por todos los agujeros y quiere correrse cada vez. Como un hombre si este tuviera un cuerpo de mujer». En el porno, aunque la mujer parece ser protagonista, el hombre es el verdadero protagonista. Es Narciso, Eco está allí para seguir el karaoke de sus fantasías sexuales. El hombre que mira pornografía mira una falsa protagonista, que es en realidad su propio reflejo. Ese reflejo de sí mismo es lo que lo excita, es una forma de besar su propia imagen, de darse placer por medio de otro. Eco es el espejo. Eco puede ser quien sea, es sustituible siempre y cuando le regrese a Narciso el final de sus palabras. Me pregunto por qué de todos los géneros, el porno es el único al que no se perdona una mala actuación. En otras palabras, por qué es el único género que se empeña en ser «real», con actores —que más bien no son actores— que tienen sexo en su casa, en su cama, con escenas que culminan en una eyaculación. ¿Para que Narciso pueda amarse a sí mismo es importante que su reflejo sea lo más verdadero posible, lo más parecido a sí mismo? En este mismo sentido, ¿no entra como autogol al último minuto que «malcogida» sea una forma de insultar a una mujer?

Para volver al inicio, si vivimos en una sociedad más receptiva a los casos de abuso en contra de las mujeres, ¿significa que vivimos en una sociedad menos misógina que antes? ¿Es el inicio de tiempos más justos, más iguales en el trato cotidiano, más equitativos en términos laborales? Si es así, ¿por qué cuando una mujer denuncia un abuso se decide no escucharla? ¿Qué significa que no se quiera escuchar a una mujer?

En la obra que Hamlet presenta a su tío y a su madre, se refiere al pasado griego como «el resumen y la crónica del presente». Me pregunto, ¿por qué no nos llega el contenido de esos mensajes que denuncian un abuso? ¿Por qué tenemos noticia de que fueron escritos pero no nos llega su contenido? ¿Qué hay en esos mensajes que no queremos escuchar? ¿Qué se escribió la menor de edad en el cuerpo antes de suicidarse, y qué mensaje tejió Filomela para su hermana? ¿Por qué el pasado griego sigue siendo un resumen del presente? ¿Será que estos relatos son los extremos de una cuerda, con una punta griega y otra actual, cada vez más tensa? ¿Por qué no nos llega el contenido de sus mensajes y nos llega sólo la noticia de su desgracia, de su abuso, de su tragedia? ¿Será que no nos llegan porque no estamos listos para escucharlos?

En el cuento de Edgar Allan Poe «La carta robada», la fuerza gravitacional de la historia es una carta en la que hay un secreto que pone en riesgo el honor de un personaje, y esa carta es robada por un ministro. La policía la busca minuciosamente en casa del ministro, pero no la encuentra. El detective Dupin, al narrar cómo encuentra la carta, menciona un juego de niños que se juega con un mapa: un niño pide a otro que encuentre una palabra determinada, el niño trata de confundir a su adversario eligiendo nombres impresos en letra diminuta «pero los expertos eligen palabras impresas en enormes letras. Estas, de tan evidentes que son, resultan imperceptibles». Así es como el detective Dupin encuentra la carta en casa del ministro, dispuesta a la vista de todos, en un sitio obvio como las letras grandes. A lo largo del cuento, no es el mensaje de la carta lo que genera la tensión, sino su ausencia. Como pasa con los mensajes de Filomela y la menor que se escribió el cuerpo antes de suicidarse. El contenido de la carta, como los mensajes que denuncian un abuso, no es desconocido. Pese a la importancia de la carta en el cuento de Poe, nunca se nos revela qué dice, del mismo modo en que no nos llegan los mensajes de las mujeres que deliberadamente son ignorados. En el cuento, el contenido de la carta es suprimido desde el principio, nos queda únicamente la especulación de ese mensaje escrito. Podemos inferir lo que dice por el alcance de los hechos, como el suicidio en el caso de la menor de edad y el asesinato de Itis en el caso de Filomela. La carta robada es un espacio vacío cuyo contenido es alterable, y tal vez por eso su valor, su contenido no nos llega. Es una moneda sin valor tal vez porque todos ya sabemos qué dice esa carta que nunca se abre, ese mensaje desesperado que anuncia un abuso y que nunca nos llega: está a la vista de todos. Pero, ¿puede nuestra sociedad en la actualidad ser destinataria de esa carta, del contenido de esos mensajes? Es interesante que esos mensajes invisibles fueron escritos por hombres (los grecolatinos, Shakespeare, Poe). Esos relatos que son crónica y resumen del presente. Me pregunto si podemos especular adónde va sin mirar de dónde viene, y, sobre todo, de qué nos sirve saber de dónde viene si no ponemos el pasado a combatir con el presente.

MIENTRAS LAS NIÑAS DUERMEN

Daniela Rea

DANIELA REA (Irapuato, 1982) es reportera, autora de *Nadie les pidió perdón: historias de impunidad y resistencia* (Urano, colección Tendencias: Crónicas, 2016) y directora de la película *No sucumbió la eternidad* (2017), ganadora del premio Breach Valdez de periodismo. Es cofundadora de Periodistas de a Pie, con quienes editó el libro *Entre las cenizas: historias de vida en tiempos de muerte* (Surplus Ediciones, 2012) y también de Pie de Página, red de periodistas expertos en temas sociales y de derechos humanos, ganadores del premio Gabriel García Marquez de periodismo 2017 por la serie documental *Buscadores en un país de desaparecidos*. Es mamá de Naira y Emilia. Le hubiera gustado ser marinera.

2014

27 DE MARZO

Ya nacimos y la felicidad pesa 3.5 kilos y mide 47 centímetros. Este día durará toda la vida.

2 DE ABRIL

Tenías dos días de nacida cuando te desmayaste mientras
tu abuela y yo te bañábamos. Te intentamos despertar, te
apretamos los cachetes, sacudimos tu cuerpecito y nada.
No reaccionabas. Te escurrías en mis manos. Te vesti-
mos deprisa, te envolví en una cobija, te tomé en brazos
y bajé corriendo los tres pisos que separan nuestro departamento de la calle. Corrimos al hospital. Tu papá y tu
abuela venían atrás de nosotras con las llaves del carro,
tu certificado de nacimiento, los papeles del seguro, la
cartera. En el hospital los doctores te llevaron a un cuarto
y te pincharon cuatro, cinco veces para canalizarte, en
una manita, en la otra, en los pies. Los doctores me querían sacar de la habitación porque decían que te ponía
nerviosa. Yo les dije que no, que si algo podía hacerte
sentir segura en este mundo era yo, tu mamá. Los doctores dijeron que debías quedarte dos o tres noches internada para revisarte. Hablaron de un síndrome de muerte
repentina, de tomografías, de estudios químicos... de

puras cosas que no tenían sentido para nosotros, pero que seguramente a ellos les hacían sentir más importantes. Tu papá y yo protestamos, pero al final nos fuimos sin ti. Salimos dolidos, consolándonos el uno al otro. Tú te quedaste desnuda dentro de una incubadora, llorando por hambre, por frío, por dolor, por miedo, no sé.

15 DE ABRIL

Desperté de madrugada. De un lado dormía Ricardo, del otro tú, hija. Yo llevaba varios días sin poder dormir. Todo había sido intempestivo, tu llegada, mi sangrado después del parto, tus días en el hospital, las desveladas, el dolor en los senos cada que mamas. Me despertó una inquietud: «¿Cuál es el sentido de hacer familia?», le pregunté a Ricardo. O creo que sólo lo pensé. Ricardo dormía y yo no insistí, porque no sé si buscaba una respuesta.

Me quedé en la oscuridad, en el silencio, acostada entre ambos, con una duda hecha de cansancio, desconcierto, arrepentimiento, angustia. No lo sé. Me encontraba ahí, en medio de ustedes, pero me sentía sola. No sólo para responder esa pregunta sino sola en la inmensidad de la vida, de mi vida y la tuya, hija. Nuestra pequeña eternidad. Sola en esa vastedad de tiempo. Sola en saber que nunca en la vida dejaría de ser madre y que, en ese momento, me sentía insuficiente. Para mí y para ti.

«¿Qué es un hogar y de qué se conforma? ¿En dónde empezamos a ser padres e hijos? ¿En dónde empieza el hogar y qué lo conforma?», se pregunta Brenda Navarro en su novela *Casas Vacías* y es como si me respondiera a la distancia.

22 DE ABRIL

Doblar cobijas, doblar chambritas, doblar pañales. Sacar un seno, sacar el otro. Sacar eructos. Y quizá, si queda tiempo, lavarme la cara, mirármela en el espejo.

27 DE ABRIL

Hoy cumples un mes de nacida y yo todavía no te amo.
Apenas nos estamos conociendo. He pasado los días
mirando tu cara, tus cachetes de luna llena, tus gestos,
aprendiendo tu lenguaje. Recuerdo que cuando naciste,
Nade me llamó ansiosa para preguntarme si es verdad
que con los hijos se siente el amor más grande, incon-
dicional y maravilloso que uno es capaz de sentir en la
vida. Le dije que no. Que todavía no. Que es otra cosa:
ternura, cuerpo.

29 DE ABRIL

No nací madre. Tampoco me hice madre cuando naciste.
Me he ido haciendo poco a poco, cuando me despierto
por las noches a que me exprimas el pecho, la sangre, la
energía. Cuando lloro porque tú lloras. Cuando me voy
de la habitación y te dejo llorar porque no sé cómo calmarte. Y también en madrugadas como esta en que logré
dormirte en mis brazos y yo aún sigo viva.

30 DE ABRIL

Carmen, una amiga que tiene una hija de dos años, me
lanza un salvavidas al océano:

> Conforme pasa el tiempo he sentido que cuidar a un
> niño es una forma de amor a uno mismo. Demostrarte
> que eres capaz de continuar o tener una búsqueda del
> afecto sin ataduras, violencia, enganches y neurosis.
> Un regalo duradero. Pero es tan difícil cuando uno tie-
> ne tantas costumbres y necesidades...

Yo agregaría: y presiones de volver afuera. De volver. Y una vez ahí, decir: «Esta soy, sigo aquí».

19 DE JUNIO

Dormiste casi toda la noche. Mis pechos de leche se vaciaron sobre la sábana. La mancha tiene forma de un mapa antiguo.

24 DE JUNIO

Hoy es día de San Juan. Esperamos la lluvia desde la ventana.

27 DE JUNIO

Hoy cumples 3 meses. Te gusta mirar los árboles y que te miren a los ojos. Te gusta George Harrison, pasear en Chapultepec y columpiarnos. Yo disfruto abrazar tu cuerpo tibio, pasar mi nariz por tus cachetes y pensar que te está gustando la vida.

28 DE JUNIO

Hoy por fin te registramos, después de tres meses de no ponernos de acuerdo con tu nombre. Teníamos tantos para ti, pero elegimos Naira. Más bien, lo eligió tu abuela el día que estabas internada en el hospital. Mientras esperábamos noticias, ella se puso a buscar en su celular nombres que significaran «guerrera» y encontró esta palabra. No tenemos certeza de su origen, unos dicen que es quechua, otros que es aimara; que significa también mujer que ve, mujer de los ojos grandes, memoria.

29 DE JUNIO

No te conozco.
(Debo comenzar aclarando
que eres aún un secreto)
conozco tus manos, sí,
el diminuto alcance
desde donde nacen los sueños,
no los tuyos, quiero decir,
los de todos nosotros.
Pero no los que tenemos para ti, quiero decir,
los que nos haces recordar.

(De Marijo para ti)

5 DE AGOSTO

Mis padres se divorciaron cuando yo tenía unos 10 años. Tenían una cama *king size*. Cuando mi papá se fue de la casa, mi hermana menor y yo ocupamos su lugar en esa cama. Tengo muy presente un recuerdo: mi mamá de madrugada viendo películas en la televisión (las escogía subtituladas y les bajaba todo el volumen para no despertarnos) mientras lavaba el uniforme de cuatro hijos del colegio de monjas. Yo la miraba desde las cobijas en silencio. A veces me acurrucaba entre sus piernas y a veces comía de los cacahuates en salmuera que compraba en un puesto al pie de la carretera panamericana entre Guanajuato-Irapuato, por donde pasaba todos los días camino al trabajo. Quizá lo hizo solo algunas veces, pero para mí ese recuerdo es muy presente. Ella de madrugada mirando películas mientras lavaba nuestros uniformes.

Entonces, ese momento era una especie de complicidad entre mi mamá y yo, mientras mis otros hermanos dormían. Nuestro secreto. Ahora, esa imagen ya no es un momento de complicidad, sino de soledad. Me provoca dolor. Quizá es mi propia maternidad la que me hace volver de forma distinta a los recuerdos. Pensarlos desde otro lugar. Si pudiera regresar el tiempo y estar de nuevo bajo las cobijas mientras mi mamá mira la televisión le diría: «No estás sola, nosotros tus hijos estamos aquí a tu lado, contigo, nosotros te acompañamos».

Somos las bocas hambrientas de las que escribe Nellie Campobello en *Las manos de mamá*. «Nosotros solo teníamos a Mamá. Ella solo tenía nuestras bocas hambrientas, sin razonamientos, sin corazón».

8 DE SEPTIEMBRE

Estamos de viaje. Vinimos a Monterrey a la exhumación de los restos de una joven porque su mamá necesita una prueba genética más para confirmar que es su hija. Luego vamos a Saltillo, al albergue de migrantes donde los niños Jonny y Jared juegan contigo. Jared te cuida, te ofrece cacahuates, papas, dulces chupados; te lleva en la carreola a pasear a las habitaciones. Jared tiene unos cuatro años y está amenazado de muerte. No sé cómo comenzó esta historia, pero creo que su papá mató a alguien antes de que a él mismo lo mataran y ahora los otros quieren matar a Jared. Borrar su herencia de la tierra. Jared es tan niño como tú y *amenazado* y *muerte* son dos palabras que aprendió a pronunciar.

12 DE SEPTIEMBRE

Leo: «Tanto las madres como los padres estamos demasiado solos en la compleja tarea de acunar a nuestros hijos», *¿Dónde está mi tribu?*, de Carolina del Olmo.

27 DE NOVIEMBRE

Cumplimos 8 meses juntas y celebramos frente al mar.
Estamos en el norte de Veracruz, una playa de arena gris y
aguas turbias. Vinimos a grabar el documental y mientras
Gabo filma el amanecer, tu gateas hasta la playa, comes
arena, le quitas las alas a una libélula.

3 DE DICIEMBRE

Hoy te salió un diente.

2015

6 DE ENERO

Es casi la media noche, tu papá está en el trabajo y yo
intento escribir. Tú llegas gateando hasta la sala, al escritorio, te levantas sujetándote de la silla y lloras para
que te cargue. Quisiera no saber de ti por un rato. No
escucharte. Pero tú insistes, me jalas de la pierna y lloras.
Yo te ignoro, intento escribir. Pero tú ganas. Apago la
computadora y te alzo y de nuevo somos tú y yo.

13 DE ENERO

Estaba agotada. Te tomé en los brazos, te apreté contra
mi pecho como si quisiera ahogarte y te dije: «¿Tienes
hambre? Come, come que no voy a hacerte caso mientras
llores». Estaba cansada, necesitaba concentrarme 20
minutos para terminar un texto que tenía que entregar.
    ¿En qué me puedo convertir?

Es casi la media noche. Han pasado dos horas desde que intenté dormirte y no dejas de llorar. No quieres pecho, no te calman los brazos. No aguanto más. Salgo de la habitación y te dejo ahí, llorando, hago tiempo, me ocupo, me pongo a recoger tus juguetes tirados, la cocina. No quiero entrar al cuarto. Enciendo la lámpara, la computadora, intento distraerme. Leo la historia de una mujer que fue una alumna ejemplar y ahora ha abandonado a sus tres hijas, la más pequeña de 21 días de nacida. Tú sigues llorando en la habitación. Al final de la página hay un *link* a otros casos de mujeres que en los últimos años han sido condenadas por matar a sus hijos. Los leo. Me parecen escabrosos, pero poco a poco van cobrando otra dimensión. No sé si siento empatía con ellas, pero creo que hay cosas que las noticias no cuentan. Puedo imaginar miles de momentos de delirio: en sus casas, en el baño, en las habitaciones, solas. Solas. Una puede perder la cabeza en cualquier momento, volverse loca, querer salir huyendo. Ahora soy yo la que no para de llorar.

Me escribe una amiga:

> A mí me ha pasado y después llega una culpa inmensa por pensar cosas así. A veces cuando lo baño, él no está haciendo nada y pienso: sería tan fácil ahogarlo, y en seguida sufro, sufro mucho, porque sé que él confía en mí y porque sé que no podría vivir sin él. O viviría un infierno. ¿De dónde vienen esas imágenes? ¿Cómo es que regresa una al amor, después de estos momentos límites de la maternidad?

¿Cómo es que volvemos al amor?

19 DE ENERO

El autor Carlos González, un pediatra que escribe libros sobre crianza, cuenta en *Bésame mucho* la historia de una mujer con su hija de tres meses que llora, llora, llora, llora. No importa qué haga la madre, la bebé llora, llora. «¿Qué diablos querrá ahora? Quiere a su madre, la quiere a usted. No la quiere por la comida, ni por la ropa, ni por el calor, ni por los juguetes que le comprará más adelante, ni por el colegio al que la llevará, ni por el dinero que le dejará en herencia. El amor de un niño es puro, absoluto, desinteresado (...) ¿Por qué no disfruta usted, como madre, de esta maravillosa sensación de recibir amor absoluto?».

No le creo. Me cuesta creerle.

20 DE ENERO

Aprendiste a saludar con tu manita. La abres y la cierras como si fuera una estrella marina. Hoy nos quedamos dormidas mientras te amamantaba.

24 DE ENERO

Platiqué con un amigo sobre la paternidad. Para él su hija vino para ser útil en el mundo, para su pareja, la niña vino para ser feliz. Yo tengo varios sueños para ti, pero mejor me los guardo. No quiero que te pesen.

10 DE MARZO

Ya tienes 11 meses.
Ya te paras.
Ya caminas de un lado a otro sostenida.

Ya dices «ete» cuando quieres darme algo.
Ya señalas cuando quieres que te dé algo.

15 DE MARZO

Hoy atropellaron a un chico frente a la casa, iba en su bicicleta. Lo atropelló un autobús. El chico está muriendo mientras escribo esto. Desde la ventana se ve la sábana blanca y debajo la llanta de su bicicleta. Ambulancia, patrullas, una veladora. Pienso en tu papá y su bicicleta. Pienso en todos los días que nos despedimos cuando se va al trabajo. Pienso que para alguien esa despedida fue la última vez.

20 DE MARZO

Ayer, después de pasar todo el día atendiéndote, mi único plan era hablar por Skype con Michel, pero tú no te podías dormir. Porque el cansancio. Porque la fiebre. Porque el diente. No te dormías y tuve que cancelar la cita. Estaba furiosa y tú llorando. Hoy sólo eres cuerpo, llanto, lágrimas, gritos, gemidos.

Releo *perdóname* y quizá lo que estoy diciendo es que puedo hacerlo de nuevo. Y si algún día lees esto, que sepas que te tienes a ti misma. Las veces que sea necesario. Naira, hija. Mi cuerpo, mi llanto, mis lágrimas.

Perdóname Naira.

27 DE MAYO

Estamos en el parque. Tú duermes y yo leo la historia de una mujer que tiene a su hijo desaparecido. La última vez que ella habló con él, más bien la última vez que lo escuchó, fue durante una llamada con los secuestradores para negociar. Él le dijo «mamá, sácame de aquí, ayúdame» y ella alcanzó a decirle «todo va a estar bien hijo». El secuestrador cortó la llamada y ella no alcanzó a decirle que lo amaba.

Tu duermes y yo leo de nuevo «todo va a estar bien, hijo».

Aquel día que te tuve que dejar en el hospital, en manos de otros, cuando cerramos la puerta de la sala de incubadoras pensé en ellas. En las mamás de los desaparecidos. Pensé en esa imposibilidad de cuidarlos. De cuidar de ustedes, hijos.

FINALES DE JUNIO

Hoy caminaste por primera vez. Volví a casa por la noche, estuve fuera todo el día trabajando y te quedaste con Lupita. Cuando abrí la puerta ella te dijo «enséñale Naira» y tú avanzaste once pasos titubeantes hasta mis brazos.

6 DE JULIO

Lunes. Nos quedamos todo el día en casa.

17 DE AGOSTO

En días como hoy me acuerdo de tu abuela Rosario. Ella trabajaba en otra ciudad y todos los días llegaba a casa después de manejar su Tsuru gris durante 40 minutos en carretera, con sus cassetes de Rod Stewart y Creedence acompañándola. Llegaba a casa agotada. Tan agotada que se tumbaba en la cama y se quedaba dormida mientras nosotros dibujábamos sobre su cuerpo. A veces hacíamos figuras siguiendo los trazos de sus lunares. Un día tomamos un marcador negro indeleble. Al día siguiente se fue a dar clases con pantalón y manga larga porque no se pudo borrar la piel.

Son las once de la noche y tengo que entregar el borrador del libro en una semana. Tú te despiertas, sales de la habitación y llegas caminando hasta el escritorio. Tienes hambre. Te sirvo algo de comer y te siento en tu periquera y desde ahí me miras escribir. Acabas. Te aburres. Entonces busco algo en internet para entretenerte. En la mitad de la pantalla escribo sobre una mujer que fue torturada y violada por militares, en la otra mitad tú ves caricaturas. A veces, más que hija, eres mi compañera.

Estamos en Xalapa en una conferencia sobre periodismo y violencia. Alguien del público ofreció cuidarte mientras participo. Tú reniegas, te sueltas y caminas entre el público hasta el escenario, te subes a mis piernas, me levantas la blusa, me sacas el seno y te sirves. Yo intento poner atención a los relatos de cuerpos inflados sobre las planchas de los semefos y tú me hablas, me metes el dedo a la nariz, te ríes de tu travesura. ¿Cómo hablar de muerte, si tú?

Leo: «Lo que no se esperaban las mujeres que aceptaron el rechinante reclamo de lo materno era encontrarse, sin preverlo, con un aumento en los requisitos de la buena-madre. A ella ahora se le recomienda el retorno al parto sin anestesia, al alargue de la lactancia, al pañal de tela, al perpetuo acarreo de los niños a sus numerosas citas (médicas, pedagógicas y sociales); y se le suma el nuevo tiempo de calidad que reduce su independencia», *Contra los hijos*, de Lina Meruane.

2016

26 DE FEBRERO

Naira, han pasado muchas cosas estos meses. Sobre todo, dudas. Hace unas semanas te empezaste a jalar el cabello por enojo o frustración. ¿Qué se hace? ¿Estamos haciendo algo mal? ¿Es normal y pasará? También en estos meses aprendiste a decir más palabras: botili, bililula, telustoscopio.

14 DE MARZO

Después de casi dos años, dejaré de darte mi pecho. Quiero dormir en las noches, quiero usar vestidos de cuello alto, quiero, necesito saber que mi cuerpo no (sólo) te pertenece. Pero al mismo tiempo: ¿cómo explicar esta pequeña nostalgia?

¿Y nuestra capacidad de decidir? ¿Decidir algo, en el pequeño espacio de libertad que nos queda? Yo cumplo todos los puntos que señala Meruane y para nada me considero una «buena madre»: Naira nació en casa con partera, la amamanté hasta los dos años (eso incluye compartir cama conmigo y Ricardo), usamos pañales de tela y sí, también va conmigo a todos lados, siempre que es posible. Va conmigo porque Ricardo sale a media noche del trabajo y mi familia vive en otra ciudad y las guarderías cierran a las 5 y a veces no alcanza para pagar a una niñera y la niñera vive a dos horas en transporte público de mi casa y esperar a que yo termine un trabajo o una cena o unas cervezas implica que ella llegue en la madrugada a cuidar a sus propias hijas. Pero también va conmigo porque me gustaría que aprendiera a ser una niña solidaria y sensible y creo que mi trabajo como reportera le da la posibilidad de conocer a personas en circunstancias distintas a ella. Cada que subimos a un avión o a un autobús los pasajeros nos miran como apestadas, cada vez encuentro más cafés o restaurantes *pet-friendly* que *kid-friendly* y no quiero que ese mundo de adultos me relegue a mí y a mi hija al rincón oscuro y solitario del hogar. Sí, me gustaría volver a andar de brazos libres sin cargar pañalera y niña, sin perseguirla en el restaurante mientras intento platicar con mis amigas; me gustaría no tener que cancelar cada vez con más frecuencia salidas, viajes, pero también asumí que salir a la calle con mi hija es una decisión política.

133

Naira, tendrás un hermanito o hermanita.

Tuve un sueño muy extraño, soñé que estaba enamorada de mi hermano, que nuestra madre lo sabía y se empeñaba en impedir nuestro encuentro. Hacía un camino ancho entre nosotros, inventaba un lenguaje para que no nos comunicáramos… Un día mi hermano zarpaba en un barco y yo le declaraba mi amor y, por alguna razón, yo no podía viajar con él. Él me acompañaba a la proa para lanzarme al mar y nadar hasta el muelle. Cuando me lanzaba, él se lanzaba conmigo, pero la marea y las olas nos alejaban a uno del otro.

Despierto y pienso que tengo miedo de dejar de ser yo, de mi libertad, lo que sea que eso signifique.

Tuve otro sueño extraño. Estábamos en la playa y nos preparábamos para navegar el Golfo de México. Subimos al barco y zarpamos, cuando soltamos las velas, el viento nos devolvió al punto de partida. Atracamos otra vez y esperamos dos días el momento para zarpar de nuevo, había marejadas y olas gigantes y tormentas, muchas dudas. De pronto, dos nubes grises, densas y gigantes pasaron sobre nosotros y pensamos que después de su paso saldría el sol y sería el momento de levantar anclas. En eso empezó a nevar. Nieve sobre la playa, sobre las olas, nieve blanca que hacía al plancton brillar aún más.

Despierto y no zarpamos. Tu papá me dijo que si quería podía irme al mar a tener mis aventuras, que él se quedaría con ustedes dos inventando sus propias aventuras en casa.

15 DE JUNIO

He pasado días de llorar y llorar. Voy a tener otro hijo o hija y siento que borrará a la persona que soy. Pero alguien escucha alrededor y me abraza: no serás borrada, nuestros padres no lo fueron por nosotros. Florecieron.

23 DE JUNIO

Soñé que era náufraga. Estaba en medio del mar y la distancia hacia la costa más cercana era larguísima. Empecé a nadar y mientras nadaba pensaba que el cansancio y las olas me iban a vencer. Entonces me rendí y las olas del mar me comenzaron a arrullar. El mar se calmó y pude ver otra orilla. Y nadé y nadé hasta llegar a ella. Y me sentí tranquila. Trepé bardas, rodeé la costa y me sentí tranquila.

Despierto y recuerdo que cuando tú naciste debí encontrar otro centro donde estuviéramos bien, donde cupieras tú y hubiera un poco de equilibrio. Ahora que nacerá tu hermano o hermana nos tocará encontrar otro lugar.

25 DE JUNIO

Leo: «Una nueva coartada se ha lanzado contra las mujeres para atraerlas de vuelta a sus casas. El instrumento de este contragolpe tiene un viejo apelativo: ¡Hijos¡». *Contra los hijos*, de Lina Meruane.

No. No volvemos a casa, trabajamos y cuidamos en los límites.

135

Te gusta dibujar junto a la ventana.

27 DE JULIO

Estoy en casa de mi mamá, en la casa donde crecí. Vine a entrevistarla. Siento que necesito entender cómo fui criada y para eso necesito preguntarle cómo ella fue criada. Durante toda la semana nos despertamos de madrugada y platicamos antes de que Naira, Nicolás y Lúa salgan de la cama. Nos acomodamos en la sala o en el jardín o en los tapetes con un té, libreta y grabadora. Hablamos quedito para no despertar a nadie. Una de estas mañanas le pedí a mi mamá que me hablara de esa imagen: ella lavando nuestros uniformes de madrugada.

Yo: Tengo imágenes de que pasabas mucho tiempo lavando en la madrugada…

Mamá: Yo no era infeliz, yo los tenía a ustedes. Además, tu papá, aunque tarde, aunque en sus cosas, en algún momento llegaba a casa… entonces no estaba sola sola. Ustedes me llenaban porque estaban bonitos, eran aplicados, simpáticos y lo otro, desvelarme, lavar, pues se me hacía vago.

Cuando estaba embarazada de ti estudiaba la maestría, mi vida era el trabajo, el quehacer de la casa, tus hermanos Caro y Luis, atender a tu papá. Teníamos un vecino, el profesor Piña, y él me preguntaba: ¿qué tanto haces en la madrugada que no dejas dormir? Pues era cuando yo hacía la tarea, escribía a máquina, pero para mí no era la muerte. Además, para mí era lo normal, no vi otro ejemplo de ser mamá: la que se desvela, la que madruga, la que lo da todo… No tenía otro ejemplo, entonces no había rebeldía en eso.

Yo te quiero insistir hija: yo no sufría. De repente me da la impresión de que tienes un dolor porque yo sufría. Sí me chingué, pero nunca me sentí sufrida. Y no siento que haya estado resignada.

Yo: ¿Alguna vez te diste cuenta de que me desperté y te vi?

Mamá: Sí, pero lo que yo quiero aclarar contigo, hija, es que no sufras eso, que no te duela. Para mí lavar en la madrugada era subir a la azotea y ver la luna, las estrellas. Y al día siguiente verlos a ustedes arreglados... no había tiempo para pensar en cansancio y yo estaba joven y era fuerte.... Y con ustedes el cariño, la fuerza, la creatividad se me multiplicaba.

Mi madre. «Nos sonreía ella como lo hacen las madres cuando son de sus hijos. Nos daba sus canciones; sus pies bordaban pasos de danza para nosotros. Toda su belleza y su juventud nos la entregó. Volaba sobre sus penas, como las golondrinas que van al lugar sin retorno, y siempre dejaba a lo lejos sus problemas». *Las manos de Mamá*, de Nellie Campobello.

Al final de los audios se escucha cómo las voces de los niños comienzan a interrumpir la plática, primero se acercan y se acurrucan entre nosotras, después piden comida, después juegos. Hasta que es imposible seguir y apagamos la grabadora.

ALGÚN DÍA DE AGOSTO

Odio mi vida. Mi cuerpo. Mis mañanas. No soporto tener que batallar con Naira una hora entera para lograr que se vista, que se ponga un suéter, que no se quite la ropa, el pañal, el pantalón una, otra y otra vez. ¿Es esto la maternidad? ¿Batallas diarias por cosas insignificantes? ¿Todos los días? Estoy segura de que si usara la fuerza y la autoridad, acabaría con estas discusiones. De pronto tengo la sensación de que mi vida es esto que no quería: disgustada por todo, todo el tiempo.

Sé que puedo amarte Naira. Sé también que puedo hacerte daño. Hoy lo hice. Te apreté y jalé del brazo mientas te llevaba llorando a la escuela. Sé también que puedo calmarme, detenerme a mitad de la calle y abrazarte, hablarte de otra manera. Sentir cómo nos calmamos juntas. Puedo ser y hacer ambas cosas.

13 DE SEPTIEMBRE

Serás una niña.

29 DE SEPTIEMBRE

Te orinaste en el piso, pese a que te insistí que te pusiera el pañal o que fueras al baño. Te orinaste y te levanté con fuerza y te fui a sentar a la bacinica. Tú llorabas. Ahí te quedas hasta que aprendas. Cochina. Eres una cochina. No aprendes. Cochina.

Un par de años después de este día leo a Brenda Navarro en *Casas vacías* y ella me ayuda a decir algo que a mí me da vergüenza: «Ore, ore, la chingada, le dije y lo jalé de los cabellos y lo metí a bañar con agua fría y él empezó a gritar... Y como que buscaba a alguien y lloraba y como que empezó a ahogarse con los mocos y el agua y entre que se despabilaba, con sus dos manitas desesperadas me jaló los cabellos y yo me sentí bien hija de la chingada y como que me cayó el veinte... y que algo muy dentro suyo me decía que yo era una pendeja, una cabrona o algo así ... y sentí mucha tristeza y me metí a la regadera a bañarlo como se merecía y le acaricié su cabellito chinito y suavecito que tenía y lo abracé y no le dije nada pero en el fondo yo quería pedirle perdón por hacerle todas las putadas que le hacía».

    ¿Por qué te dije eso? ¿Fue el enojo? ¿La desesperación? ¿Mi poder sobre ti? ¿Verte humillada? Lo siento tanto, Naira. Lo siento tanto. Me da vergüenza.

1 DE OCTUBRE

Estábamos en la azotea jugando con la tierra de las plantas. Te ensuciaste la cara y te dije «mi cochinita», de cariño. Tu dejaste de jugar y me miraste muy seria «no soy una cochina».

20 DE OCTUBRE

Tu papá y yo nos hemos preguntado cómo será tu llegada, cómo será el amor ahora. Cómo será tu rostro, cómo
será tenerte con nosotros. A mí me ilusiona tenerte a ti
y a Naira y caminar por la calle juntas y decir con orgullo
«mis niñas».

1 DE DICIEMBRE

Sí, la maternidad impuesta. Sí, el uso de nuestro cuerpo
para beneficio del capital. Sí, la explotación de nuestro
cuerpo en el cuidado de la mano de obra. Sí, el patriarcado decidiendo por nosotras. Sí, todo eso sí. Pero: ¿y la
ternura? ¿Y esa cosa inexplicable que siento cuando te
huelo, cuando te miro, cuando nos acariciamos? ¿Ese
deseo de besarte, de mirarte? ¿Esa pertenencia cuando
nos abrazamos hasta quedarnos dormidas? ¿Todo eso
cómo se explica?

Algún día de diciembre

Naira se fue de vacaciones con su abuela, Ricardo está en
el trabajo y yo estoy sola en casa, esperando el nacimiento de nuestra segunda hija. Repaso el diario intentando
recordar qué fue tener una bebé en casa. Me detengo en
el día que lastimé a Naira camino a la guardería. Lo que
recuerdo ahora es que no se quería vestir, que se quitó
la ropa tres veces, que se nos hizo tarde, que perdí una
cita, que la vestí a la fuerza y la cargué a la fuerza y la saqué
llorando de casa. Que yo estaba furiosa, que quise hacerle daño. Quizá pensé en pegarle, que quise pegarle, pero
no me atreví. La apreté muy fuerte del brazo. Me detengo
también en el día que le dije «cochina» y recuerdo que

Naira me miraba desde el piso tratando de ponerse sus pantalones. «No soy cochina, mamá, no soy cochina», me dijo desde sus dos años y medio, defendiéndose de mí.

La lastimé. Me da vergüenza haberlo hecho y de escribir esto, pero quiero que quede registro. Que no se me olvide.

19 DE DICIEMBRE

Hija, he estado ausente del embarazo porque afuera está el mundo. Tuve mucho miedo estos meses, miedo de que me borraras, de no volver a ser la misma de antes, de perder el centro que había logrado con Naira estos dos años de vida. Pero tu papá y mis amigos me han ayudado a entender que no eres tú, que sí, no volveré a ser la misma de antes, pero que este miedo no lo provocas tú, sino esa necesidad de legitimar ante el mundo quién soy.

Silvia Federici lo explica así en *Calibán y la bruja* «…el saber feminista que se niega a identificar el cuerpo con la esfera de lo privado y, en esa línea, habla de una "política del cuerpo"». Esto es, no soy yo, es el patriarcado.

21 DE DICIEMBRE

No despertamos. Nos quedamos en la cama mirando cómo entra la luz por la ventana.

26 DE DICIEMBRE.

Esperar… Ese verbo incierto.

30 DE DICIEMBRE

«El amor de madre es solo de ida». Leído en alguna parte.

2017

9 DE ENERO

3:14 a.m. Llegaste a esta familia que es más familia contigo. De madrugada, intempestiva y con un rugido felino.
Luego te pegaste a mi pecho y succionaste como si no
hubiera mañana. La felicidad viene en molde: 3.5 kilos
y 47 centímetros.

10 DE ENERO

Naira estuvo presente en tu nacimiento. Me acarició
el cabello, me acercó trapitos calientes para calmarme el
dolor. Me sostuvo la mano para llegar el final. Yo estaba
de rodillas sostenida por tu papá y Naira esperó de pie
junto a mí. Dos contracciones, dos pujidos y naciste y
lloraste. Naira se sonrió, se carcajeó y te miró: «esa es mi
hermanita», dijo, y cantó y bailó «libre soy, libre soy»
dando vueltas en la sala de la casa.

    ¿Cuál es el sentido de hacer familia?, me pregunté
hace tres años, cuando Naira aún no era Naira. Hoy lo
tengo más claro. Este es el sentido. Hacernos juntos.

11 DE ENERO

¿Alcanzará esta felicidad para alimentarnos toda la vida?

15 DE ENERO

Empezar de nuevo, el llanto, el tiempo suspendido…

    Son las 4 am y has despertado varias veces para co-
mer. No soy mía. Mi útero no es mío, ni mis senos ni mis

Llegaste a esta familia

oídos. Sólo mis ojos, que puedo cerrar para no verte. Mi útero me duele, mis senos me duelen. Mis oídos no pueden ignorar tu llanto. Cada que tú mamas, mis cólicos me recuerdan que estamos unidas. En dolor. En mi cansancio.

«Oscurecía, nos sentaba a todos en derredor y nos daba lo que sus manos cocinaban para nosotros. No nos decía nada; se estaba allí, callada como una paloma herida, dócil y fina. Parecía una prisionera de nosotros —ahora sé que era nuestra cautiva». *Las manos de Mamá*, de Nellie Campobello.

29 DE ENERO

Días de guardar. Dormir entre dos crías con olor a leche.

5 DE FEBRERO

Naira escogió tu nombre. Te llamarás Emilia.

7 DE FEBRERO

Anochece. Estoy en la habitación con Naira y Emilia, ellas duermen. Ricardo está en la sala fumando un cigarro. Estamos juntos, pero estamos solos. Cada uno de los cuatro, quizá ellas menos que Ricardo y yo.

9 DE FEBRERO

«... pues me sentía sola y deseaba ver a personas en cuyos rostros pudiera reconocer algo de mí misma. Porque ¿quién era yo?» *Autobiografía de mi madre*, de Jamaica Kincaid.

Hoy cumples un mes, Emilia, y desperté con una sensación de que ya no sé quién soy. O no lo recuerdo. O no lo volveré a ser. Ya no soy de mí.

22 DE FEBRERO

Le pregunté a Graciela, una mamá que busca a su hija desaparecida, si había sostenido en sus manos alguno de los huesos encontrados en las fosas. Me dijo que sí. Le pregunté qué se sentía. Me dijo «Se siente como cargar a un bebé recién nacido». Yo te tenía en brazos, Emilia, cuando me lo dijo y no pude parar de llorar.

27 DE FEBRERO

Ayer vino Yolanda la partera. En un mes y medio has crecido 5 centímetros y subido 1.4 kilos. Me devoras, hija. Eres de mí. De mi leche, de mi fuerza, de mi cansancio.

21 DE MARZO

Mi cuerpo me recuerda al cuerpo que tenía mi mamá cuando nació mi hermana menor. Las caderas anchas, los senos llenos y tibios, las manos llenas de pecas. Un cuerpo con el mismo olor que encontraba al abrir sus cajones en busca de algo, olor a cuerpo, a cuerpo de mamá. No sé qué buscaba en esos cajones de ropa interior, pero alguna vez encontré las cartitas que nosotros les escribíamos a los Reyes Magos; otra vez encontré la carta que le escribió un amante.

29 DE MARZO

Quería ir a escuchar a Raúl Zurita. Organicé la semana para tener libre la tarde e ir con las niñas. Preparé pañalera, lonches, carriola y cargador. Poco más de media hora antes de salir, Naira se hizo pipí. La cambié, todavía estábamos a tiempo de salir y caminar media hora hasta la sede. A punto de salir, Naira se hizo popó.

Cerré la puerta. Perdí.

Bajé a Emilia y la senté en el sofá, llevé a Naira al baño, le quité los calzones, la lavé y le puse la pijama. Volví al baño a lavar la caca y me puse a llorar. Desde el baño escuché a Emilia llorar. Naira se acercó.

—¿Estás triste o enojada?

—Estoy frustrada.

—¿Qué es frustrada?

—Frustrada es cuando tienes ganas de hacer algo y no puedes y sientes una mezcla de enojo y tristeza...

—¿Qué querías hacer?

—Quería ir a escuchar unos poemas.

—¿Qué es poemas?

—Poemas es...

—Yo quiero que vayas a dónde quieres ir.

1 DE ABRIL

Emilia comenzó a tomarse sus manos. Se está conociendo.

3 DE ABRIL

No tengo lugar. Ricardo intenta, pero no puede sostenerme. Naira me pregunta cómo me siento. Emilia está aún tan lejos de nosotros, de esta familia. Quizá sea mejor que siga lejos, lejos de mí, que no puedo sostenerla. Pequeña, bienvenida a la vida. Pero no puedo. Pensé que sí, pero no puedo.

5 DE ABRIL.

Estamos en Ecatepec. Vinimos a hacer entrevistas sobre violencia contra las mujeres. En el parque encontramos a Roselia, una mujer que desde la banca mira a sus hijos mayores y carga a otra recién nacida. Tú, Emilia, eres apenas unos meses más grande. Cada una con su hija en brazos platicamos de su esposo que trabaja como obrero en una fábrica, de la falta de dinero, de la necesidad de trabajar, del miedo de dejarlos solos en casa. Le pregunto qué pensó cuando le dijeron que sería niña. Me dijo que primero sintió alivio porque alguien le ayudaría en la casa con las tareas y la cuidaría cuando envejeciera, pero luego le dio miedo porque aquí a las mujeres las matan, las violan, las desaparecen.

«… a partir de ahora sus úteros se transformaron en territorio político, controlados por los hombres y el Estado: la procreación fue directamente puesta al servicio de la acumulación capitalista», *Calibán y la bruja*, de Silvia Federici.

20 DE ABRIL

2:52 de la madrugada. Las niñas duermen.

9 DE MAYO

Escribo esto cuando he podido tomar un poco de aire. Escribo porque es necesario que no lo olvide. Que lo recuerde en algún momento del futuro.
La última semana, en las madrugadas, mientras Emilia se revolcaba de dolor por la comezón, pensé en por qué tuve otra hija. Me arrepentí de tenerla.

Por qué tener otra hija. Para qué.

«No parir. No engendrar. No ser vida, no ser fuente. Ser la almohada que la ahogaba mientras dormía. Re contraer las contracciones por las que ellos dos nacieron. No parir. No parir, porque después de que nacen, la maternidad es para siempre», de *Casas vacías*, de Brenda Navarro.

145

UN DÍA DE MAYO

Asumí que Emilia está enferma. Llevamos dos meses visitando hospitales, doctores, tratamientos y nadie atina a quitarle ese eccema que sale de su piel, que se convierte en costras, que se convierte en comezón, que se convierte en sangre. Mi mamá me dice que lo acepte, que deje de pelear con eso, que todo será más llevadero. ¿Cómo se acepta algo? ¿Cómo?

12 DE MAYO

Mi relación con Emilia es a través de su enfermedad. No la acaricio, le pongo cremas y pomadas. No la abrazo, la envuelvo en sábanas para que no se rasque. No la beso, tiene las mejillas llenas de eccema.

14 DE MAYO

Fui a terapia con Alejandra. En realidad, es una terapia para Emilia.

Yo le digo que no quiero quedar inmune a esto, no quiero «que no me pase nada» con este proceso de crianza, con la enfermedad de Emilia. Quiero andarlo, pero acompañada, con la seguridad de que puedo equivocarme.

En esta terapia Alejandra me pide que recuerde algo que yo necesitaba escuchar de mi papá cuando era niña. Me quedo callada un rato mientras busco algún momento. No sé cuál es ese momento, pero sé que me hubiera gustado escuchar «calma hija, tranquila no tienes que hacer nada, no tienes que probar nada, calma». Me habría gustado sentirme acompañada. Alejandra me pide que piense en un momento en que me he sentido acompañada. De inmediato pienso en Ricardo acariciándome la espalda mientras amamanto a Emilia de madrugada. Después pienso en otra: Emilia acostadita en la cama con su piel lastimada, me mira y me sonríe mientras yo le pongo las pomadas en su cuerpo sin estar enojada, sin estar cansada, sin estar frustrada.

Creo que lo que Emilia me quiso decir fue eso: acompáñame mientras me sano.

26 DE MAYO

Jenny es mamá de Ámbar, una niña de tres años enferma de lo mismo que tú. No la conozco, sólo hemos hablado por teléfono y de vez en cuando nos dejamos mensajes de audio de Whatsapp de cinco, diez minutos. Son audios que comienzan hablándole a ella, pero que terminan hablándome a mí. Jenny me recuerda que eres una niña, una bebé que quiere jugar, que quiere relacionarse, que quiere que la abracen. Lo había olvidado y no me había dado cuenta.

29 DE MAYO

Besar tu herida.

Besar el pus.

Acariciar tu piel enferma.

Abrazar tu cuerpo.

Arrullarte con mi miedo y mi desesperanza. Inventarme palabras para decirte que vas a sanar, que todo estará bien, Arrullarte con una mentira.

Para esto somos familia.

(Es de madrugada. Una vez más tu papá y yo intentamos calmarte. Él te carga y te lleva a la ventana para distraerte del ardor, yo te arrullo y lloro).

147

Ayer Naira se espantó de mí. No me acuerdo si yo estaba enojada o triste. No me acuerdo qué le dije. Pero ella me miró espantada y luego me dijo «mamá sonríe» y después se acercó a ti, Emilia, y te besó. Se acostó a tu lado mientras yo te ponía tus cremas y me dijo «Todo va a estar bien, ¿verdad?».

8 DE JULIO

Hoy es mi cumpleaños.

Siempre quise ser madre.

Me acuerdo cuando era niña y jugaba a la mamá con mis muñecas; me acuerdo de jugar a ser la mamá de mi hermana menor y hacerle papillas y cantarle nanas. Me acuerdo de mi mamá contenta entre nosotros, de sus malteadas de fresa y el huevo crudo con jugo de naranja todas las mañanas para salir a la escuela, alimentados, a pesar de las prisas; me acuerdo de los campamentos en el jardín de la casa, de los viernes en que nos permitía hacer todo lo que quisiéramos: comer con las manos, sorber el refresco, aventarnos petardos de servilleta; me acuerdo que cada día de cumpleaños ella nos despertaba con caricias y con el relato del día de nuestro nacimiento; me acuerdo que a la menor provocación hacía maletas y nos trepaba al carro lo mismo para ir de día de campo que para andar carreteras y llegar a un pueblo en Michoacán o una playa en Jalisco. Me acuerdo de que era una mamá feliz. Si estaba cansada, si nos regañaba, si nos dio con la chancla, seguramente dijo cosas hirientes, ahora no las recuerdo, pero era una mamá feliz y a nosotros supo hacernos y criarnos como niños felices. Me acuerdo de que aún en la crisis del 94, cuando su sueldo como maestra no alcanzaba para llegar a la quincena, ella cocinaba con lo que tenía en la despensa y les inventaba nombres a los platillos. Mi mamá fue una mamá feliz.

Mi familia siempre fue de muchos niños, mi mamá tuvo 6 hermanos y mi papá tuvo 9 hermanos, las casas siempre estaban llenas de niños que iban y venían, de mamás embarazadas, de mamás cargando niños, de mamás corriendo tras los niños. La vida era con los niños, en las casas, en las fiestas, en algunos trabajos (conocí todas las oficinas y escuelas donde trabajó mi mamá y a los conserjes, secretarias, alumnos y compañeros. Tuve un tío fotógrafo que nos dejaba acompañarlo a las fiestas, otro que construía carreteras y nos llevaba a hacer días de campo mientras él y los trabajadores colocaban pavimento. Mi papá me llevaba a los juzgados, a las asambleas de las comunidades indígenas donde llevaba los casos agrarios).

Para mí era normal ser mamá, era parte del ciclo de la vida. Incluso, a mis 22 años cuando aborté de manera clandestina en una clínica de Veracruz, supe que quería ser madre, pero no en ese momento. En ese momento tenía demasiado miedo, estaba demasiado sola y había demasiados sueños sobre mí.

Leo en las redes, en los periódicos, en los libros, escucho entre mis amigas los debates recientes sobre el ser o no ser mamá, debato con ellas, les sugiero no serlo si no están dispuestas a ceder gran parte de su vida; dispuestas a saber que la libertad, a partir de ese momento, siempre es compartida. Nunca les he mentido del cansancio que representa cuidar a uno o dos hijos. De la frustración. Pero, ¿qué cosa no exige de nosotros desvelos, compromiso, voluntad y dejarnos un poco de lado, por momentos? ¿No exige eso, por ejemplo, la vida en pareja, las amistades?

Leo a Federici decir que nuestro cuerpo se transformó en un territorio político para alimentar al capital, leo a Meruane decir que los hijos son impuestos para devolvernos a las casas. Pero, ¿y las que sí quisimos ser mamás? ¿Y las que estamos intentando otras formas de cuidar, de cuidarnos?

Siempre quise ser mamá.

O, más bien, nunca me detuve a pensarlo.

¿Cómo he sido pensada para asumir que quiero ser madre?

¿Cómo hemos sido pensadas? Cristina Morini explica en su libro *Por amor o por la fuerza*: «Lo que hace que el poder funcione, que sea aceptado, es simplemente que no actúa como una potencia que dice no, sino que atraviesa los cuerpos, produce cosas, induce al placer, forma el saber, produce discursos».

UN DÍA DE AGOSTO

Emilia estás sanando, tu solita estás sanándote. Estás ganando esta batalla y aquí quiero estar para las siguientes batallas que des.

16 DE AGOSTO

Hoy encontramos un pájaro muerto sobre la banqueta.

2 DE SEPTIEMBRE

Vinimos a Washington a pasar unas vacaciones con tu tía. En la casa todos duermen y tú te retuerces en la cama de dolor. Hace unos días recaíste y volvió la comezón, el eccema, la sangre. No tengo respuestas para curarte, hija. No sé cómo hacerlo. Que alguien me ayude. ¿Hay alguien ahí afuera?

13 DE SEPTIEMBRE

3:54 am. Bailar contigo para reconciliarme con tu cuerpo. Para sentir tu cuerpo y no la enfermedad. Bailar para salvarnos un momento.

ALGÚN DÍA DE OCTUBRE

Otro tratamiento fallido.

19 DE NOVIEMBRE

El clima jodió la piel de Emilia y se jodió el segundo intento de tener vacaciones. Vamos en carretera de vuelta a casa.

20 DE NOVIEMBRE

Estoy en casa escribiendo sobre crianza y ambas niñas llegan a mi lado, Naira con unas tijeras para cortarme el pelo, Emilia gatea y me muestra que ya se puede parar. Mientras escribo esto, Naira me jala la cabeza y Emilia se mete entre mis piernas como un cachorro.

Y yo pienso en todas las mujeres que han escrito así.

zona vedada: ésta no es tu casa;
de inmediato: las mesnadas:
                      [floraciones.
hijo okupa
hijo paracaidista
hijo en parapente
polizonte
hijo espora
intruso:

7 DE DICIEMBRE

«Mi mamá está triste todas las mañanas»
«¿Estás triste o estás enojada?»
«Mamá, ¿por qué lloras?»

Se llamaban nebulosas, de
Maricela Guerrero

¿Qué recuerdos tendrá Naira de mi cuando crezca?
¿Cómo la van a determinar?

21 DE DICIEMBRE

Naira se pone los lentes de la abuela y me dice muy seriamente: «Tienes que cuidar a Emilia, pero siempre le

dices, "Ya Emilia, ya". Le tienes que decir "Tranquila",
pero decirle bonito, no enojada. Eso no es inteligente.
Cuando le dices enojada, Emilia llora. Emilia es una
bebé, Emilia no sabe hablar, solo sabe llorar. Tienes que
decirle "Tranquila", pero decirle tranquila».

En días como este pienso que algo hemos hecho
bien.

2018

9 de enero

Un año. No, la segunda hija no fue más fácil. Sí, cada hija
es diferente. Emilia: llegaste de madrugada llena de fuerza y ternura. Y a enseñarnos que criar una hija no se trata
de «la persona que quieres que sean», sino de la persona
que quieres ser tú. Que dices ser tú.

Un día de febrero

Últimamente los vuelos son mi momento favorito. Y más
los vuelos largos. Este cruza el Atlántico. Es el único momento en que nadie me conoce, nadie me habla, nadie me
dice «mamá, mamá». Ya tengo mi rutina. Me quito los
zapatos, me echo la manta encima, prendo la pantalla, doy
click en películas, películas de drama, tres, a veces cuatro
en un solo vuelo. Y pido vino. Bebo y miro. Como borra-
cha de clóset. Vi el documental de un chavo taxista de
Ecatepec que se queda viudo y debe criar solo a su hija
de cinco, siete años; vi la de *Las sufragistas*, que cuenta el
movimiento británico a finales del siglo XIX para lograr
el voto femenino; vi la historia de una adolescente que

odia a su madre; vi a Charlize Theron desvelada, descuidada, olvidada después de parir a su tercer hijo.

Casi siempre termino sacando el celular para mirar las fotos de ustedes.

17 DE FEBRERO

Estamos las tres en casa y ustedes tienen fiebre. Cancelé toda la chamba. Cerré las cortinas y la habitación está oscura. Me acuesto entre las dos. Con una mano te acaricio Naira, hierves, respiras como un pájaro herido. Con otra mano hago círculos en tu espalda Emilia, tus pulmoncitos agitados.

Y sin embargo me siento bien aquí. Así, entre ustedes, mis crías.

20 DE MARZO

Dejé dormidas a las niñas en la cama y me preparé un té para sentarme a trabajar. Quería un ratito para mí. Emilia empezó a llorar y llorar y llorar. Otra vez. Ya, por Dios, cállate. Cállate ya. Naira se escondió debajo de las cobijas y empezó a llorar quedito, huyendo de mí. Emilia siguió llorando. Yo también. Al final las tres nos quedamos dormidas de cansancio.

Al despertar le pregunté a Naira cómo se sintió. Me dijo que se sintió triste porque yo no entendí a Emilia, que lloró porque es una bebé, que quizá se espantó cuando prendí la computadora o con algún ruido de la calle como una sirena de ambulancia o una moto. Y yo no la entendí.

Pero amanece de nuevo y ellas juegan en la sala y se ríen y parecen estar a salvo de mí.

¿En qué momento les hice sentir que son lo peor que me han pasado en la vida?

2 DE ABRIL

Estamos solas en casa. Pongo una canción de cuna y te arrullo. Te dejas caer en mi pecho y siento tus 9 kilos sobre mí. En ese momento siento que puedo cuidarte. Que confías.

4 DE ABRIL

Estos días pasados que estuve de viaje sola, sin ustedes, que tuve silencio, pude pensar y entender algunas cosas, hijas. Me di cuenta de que tengo disposición para escuchar el horror de este país, de sus muertos, de sus desaparecidos, de sus fosas, pero no para escucharlas a ustedes. De escuchar tu dolor, Emilia.

5 DE ABRIL

Recuerdo las palabras que me dijo Carmen cuando Naira nació:

> Hice un compromiso con mi hija para amarla y cuidarla. Ella es con quien comparto mi libertad. Suena paradójico, pero creo que así es, una libertad a la que sólo llegas cuando te dejas ir.

6 DE ABRIL

No todos somos padres, pero todos hemos sido hijos y hemos sido cuidados.

7 DE ABRIL

Cuidar cansa. Cuidar arrasa. Cuidar asola.

Algún día de abril o de mayo

Emilia: no sé bien qué ha pasado, pero estás aquí. Me refiero a que estás aquí, conmigo, a que estamos juntas. Soy tu mamá y tú eres mi hija. Tardé mucho tiempo en darme cuenta de que tu enfermedad te duele (solo pensaba en mi frustración); tardé en darme cuenta de que tus insomnios se curan mirando cuentos, que te arrullan los besos en los cachetes, que te divierte esconderle los juguetes a tu hermana.

20 DE MAYO

A las 21:16 sonó la alarma sísmica.

Las niñas estaban dormidas y yo leyendo en pijama. Ricardo aún estaba en el trabajo. Tomé a Naira y me la eché encima, luego a Emilia. Caminé hacia la puerta y no pude abrirla, las manos ocupadas en ellas. Dejé a Naira en el piso, le pedí que se despertara, que me ayudara, ella se tambaleaba. Abrí, me la volvía a echar encima. Bajé lo más rápido que pude los tres pisos del departamento a la calle, con veintidós kilos de peso muerto encima. Los vecinos ya estaban abajo. Me abrieron la puerta, me quitaron a Naira y la taparon, me quitaron a Emilia y la envolvieron en una chamarra.

A mí me cubrieron con una manta o una toalla, no recuerdo bien.

Pienso que esa puede ser una metáfora de la maternidad: veintidós kilos de peso muerto sobre mí.

7 DE JULIO

El tiempo. ¿Qué es eso que pasa mientras les cepillo el cabello antes de dormir?

2 DE AGOSTO

Debemos salir temprano para llevar a Emilia al doctor. Naira quiere llevarse siete juguetes a la escuela, yo peleo con ella que no, que no puede, que no tantos, que escoja tres. Pero ella quiere siete: un gatito, otro gatito, un perrito, un pony, otro pony, una muñeca y su cajita musical. Naira no me hace caso. Yo grito. Ella insiste. Yo aviento sus juguetes al piso. Naira llora. Yo la ignoro.

A la media hora llega un correo:

> Estimadas autoras y cómplices,
> Les escribo para saludarlas y recordarles la entrega próxima de su texto para la antología de género. Ojalá estén ya dándole los toques finales a sus textos. ¡Tengo muchas, muchas ganas de leerlas!

Yo no he comenzado siquiera.

3 DE AGOSTO

No eres tú, hija. Es el cansancio, el estrés, el trabajo atrasado.

9 DE AGOSTO

¿Cómo es que volvemos al amor?

11 DE AGOSTO

Reviso el diario y me doy cuenta de cuántas veces, Naira, me has salvado.

12 DE AGOSTO

Mi amiga y yo intentamos pensarlo juntas. Ella me cuenta que después de esos momentos delirantes en que quisiera deshacerse de su hijo, le busca la mirada. Yo necesito un espacio de silencio. Luego, ellas me traen de vuelta. A veces se acercan a mí y se abrazan a mis piernas, otras me dicen cosas como «Mamá ¿estás triste o enojada?». Otras veces Naira se queda en su cama bajo las cobijas hasta que se queda dormida. Y así, sin que ella me demande cosas, es que puedo acercar a reconciliarme.

Certezas:
Tener un hijo es una decisión egoísta. Es decidir que alguien nazca, que exista. Y entonces, para responder a ese egoísmo, nos toca comprometernos a cuidarlos.
Las hijas no se aman por el solo hecho de ser hijas. Uno aprende a amarlas.
O no.

16 DE AGOSTO

Le muestro el borrador de este texto a una amiga feminista. A ella le inquieta que escriba «vergüenza», «avergonzada». Insiste (me lo ha dicho muchas veces) que la vergüenza y la culpa son cargas patriarcales, que no me pertenecen. Yo le digo que no entiendo por qué le inquieta tanto. Mi vergüenza no es para con el mundo, es hacia ellas, mis hijas, que se hacen, que nos hacemos en nuestra relación. Compartir esa vergüenza hace que deje de ser solo mía, como si la barriera fuera de casa.

18 DE AGOSTO

Reviso el diario que he escrito los últimos 4 años y borro fechas que me parecen demasiado cursis, otras no sé si estoy lista para compartir. ¿Por qué o para quién he escrito este diario durante 4 años? Quizá para ellas, por si algún día la curiosidad, la pregunta de su origen. Quizá para mí, para no sentirme sola. Quizá para que algún día ellas no se sientan solas. Quizá para que sean un poco más libres. Para que seamos un poco más libres.

LA PRIMERA PERSONA DEL PLURAL

Cristina Rivera Garza

1. Comunidades esporádicas

Regresé a México en el 2003, luego de haber pasado casi 15 años en los Estados Unidos. Había publicado ya un par de novelas y, tal vez por eso, algunos periódicos me pedían opiniones sobre esto o lo otro de vez en cuando. Le tocó el turno a Cortázar. Cada año, parece, es necesario volver a preguntarle a los lectores cuál es el estado de las cosas en lo referente a Julio Cortázar. Y, cada año, los lectores confirman la admiración por una obra que se abre una y otra vez ante nuevos ojos. Cuando me tocó mi turno, sin embargo, dije que La Maga no me gustaba y que *Rayuela*, la novela elástica y performativa que Cortázar publicó el 28 de junio de 1963, había envejecido mal, especialmente en cuestiones de género. Mi respuesta tenía que cumplir con un límite de caracteres, con espacios incluidos, así que en lugar de explicar, trayendo a colación citas de la obra y argumentaciones teóricas del caso, me limité a dar mi opinión. Las reacciones no se hicieron esperar. Rafael Pérez Gay me mandó callar en la columna que entonces tenía en un periódico de circulación nacional. «¿No sería mejor que Cris se callara?», se preguntaba después de dejar en claro que no estaba de acuerdo con mi lectura de Cortázar, y después de citar a Steiner cuando yo había mencionado a Stein. Gertrude Stein. Era el inicio del siglo xxi y un profesional de las letras, a quien nunca había conocido en persona, utilizaba el diminutivo de mi nombre en ese tono de la falsa confianza que intenta disminuir al de enfrente. Era la primavera del 2004 en México. Ese tipo de cosas pasaba por ser normal.

Cuando pregunté entre conocidos y escritores cómo se le respondía a algo así, a una agresión de ese tamaño, casi todo mundo estuvo de acuerdo en que no se debía de decir nada. ¿Qué esperaba si había *ofendido* a un escritor cabecera de generaciones enteras? ¿No estaba al tanto de lo que le sucedía a las que se separaban de la doxa? Uno no se mete con Cortázar sin esperar consecuencias, me dijeron en voz baja, compungidos. Pero otros, muchos más, se dieron a la tarea de escribir respuestas informadas y profundas que, poco a poco, fui publicando en el blog que mantenía activo entonces. *No hay tal lugar. Utópicos contemporáneos.* Los que respondieron, los que tomaron tiempo y energía para contribuir a un debate que me parecía necesario, urgente en un país en el que la máquina feminicida no dejaba de marcar cuerpos de mujeres con sus aspas de violencia, eran escritoras y profesores, blogueros y *freelancers*, extranjeros, lectores. Fue gracias a ellos, a su compañía, a su acompañamiento, que puede escribir una respuesta más o menos clara, más o menos serena. Fue gracias a ellos que, en lugar de callar, como se me había mandado hacer, escribí.

De lejos y de cerca, reaccionando de inmediato ante los hechos, esas mujeres y hombres conjuntaron sus letras para conformar una pequeña comunidad esporádica que, una vez cumplida su misión, se dispersó otra vez. Esporádico es un adjetivo que designa a lo que es ocasional, aquello que no tiene «ostensible enlace con antecedentes ni consiguientes». Pero esporádico, que viene del latín medieval *sporadicos*, y éste del griego *sporadikús*, también quiere decir disperso. *Sporás* significa semilla en griego. En biología, de acuerdo a la Real Academia, una espora es «una célula de vegetales criptógamos que sin tener forma ni estructura de gameto y sin necesidad de unirse con otro elemento análogo para formar un cigoto, se separa de la planta y se divide reiteradamente hasta constituir un nuevo individuo». También es «una forma de resistencia que adoptan las bacterias ante condiciones ambientales desfavorables». Algo tenemos de organismos unicelulares o pluricelulares cuando nos unimos momentáneamente a otros con fines de dispersión y supervivencia, cuando por largo tiempo, en aparente dormancia, vencemos condiciones adversas y, llegado su momento, emergemos por segundos u horas o días, para después seguir nuestro camino. Algo tenemos de esporas cuando nos vamos. Y, cuando, gracias a la memoria, regresamos e insistimos y re-escribimos.

En un momento del 2004, cuando la hegemonía patriarcal de las altas esferas literarias de México dictaba que minimizar y mandar callar a una mujer porque se estaba en desacuerdo con ella era lo normal, esa esporádica comunidad de escribientes dijo lo contrario. Ese acto, menor pero valiente, se convirtió en una conversación y una cercanía que ha variado mucho con el tiempo. Algunos de los amigos de entonces se han vuelto enemigos fastidiosos. Otras nos hemos mantenido en contacto, contándonos cosas en estaciones de tren o salas de espera. A algunas otras las he dejado de ver. Llegué, incluso, a platicar con Pérez Gay en su momento, fuera ya de la plaza pública, en su casa, tomando pequeños sorbitos de whisky. La violencia contra las mujeres no cambió, ciertamente, pero todos estos años después, cuando el silencio ante las microviolencias y ante las violencias espectaculares no es ni lo normal ni lo esperado, me quedo pensando en todos los conjuntos esporádicos que, poco a poco, esparcieron sus pequeñas verdades en el aire que respiramos. Las cosas no cambian de un día para otro, pero los límites de la soportable se acortan o se yerguen de manera más clara cuando más de entre nosotras decimos que los vemos con claridad. Cuando más de entre nosotros decimos que nos duelen.

2. Habitaciones impropias

Hace bien Rebecca Solnit en recordarnos que, cuando Virginia Woolf escribió sobre aquel afamado ya cuarto propio, la británica no abogaba por una excelsa torre de marfil que la separara del mundo, sino por un mundo en que el acceso a la educación, especialmente a las universidades, y una paga igualitaria, les permitiera a las mujeres tener los recursos necesarios para poder hacerse del espacio y tiempo para llevar a cabo su trabajo. La habitación propia, en este sentido, era en realidad una habitación de todas. O, para ser más precisos: un espacio y tiempo vueltos posibles gracias a la intervención de otros, de muchos más, en nuestro entorno.

Vivimos en sociedades que valoran hasta la saciedad la independencia. Uno de los mitos fundacionales del capitalismo ha sido ese hombre que se hace solo a sí mismo: contra viento y marea, gracias a su propia audacia y tesón, el hombre logra vencer los obstáculos de caso para convertirse en su propio dios privado. Poco importa en esta historia fundacional que todos los de nuestra especie necesitemos cuidados materiales y afectivos por un tiempo bastante prolongado después del nacimiento o que, como los seres sociales que somos, requiramos luego del lenguaje y del afecto que nos permitirá deambular sobre la tierra en compañía de otros. Somos con otros, no hay escapatoria. Aún más: dependemos de otros. A pesar de que la terapéutica contemporánea ha hecho de esta dependencia originaria una mera patología, algo de lo que es posible deshacerse con algunas dosis de autoestima y disciplina, es bueno recordar que nadie tiene un cuarto propio si no existe una casa y, alrededor y dentro de la casa, una comunidad que la constituye y la afecta. De hecho, habríamos de recordar que el cuarto propio existe si y sólo si existen los materiales para su construcción y la fuerza de trabajo suficiente para colocarlos de la manera debida. Estamos en deuda continua con los componentes humanos y no-humanos que nos dan refugio. Por eso, toda habitación es, en realidad, una habitación impropia, incluso aquella por la que abogaba Virginia Woolf. Se trata de una gracia que responde a la voluntad y el afecto de tantos otros. Es algo, en sentido estricto, prestado. Lo que queda en nuestras manos en forma de usufructo.

Buscar el cuarto impropio, construirlo, suele ser una tarea de toda la vida. Con frecuencia hay que dejar atrás las casas tomadas por las fuerzas invisibles (por normalizadas) del patriarcado: esos lugares donde la desigualdad es estructural y el silencio el cemento con el que se conservan en pie. Y esa casa puede ser, literalmente, la casa paterna pero también el salón de clases o la oficina de trabajo o el cubículo de lector. Lleve el nombre que lleve, tome la forma que haya tomado, hay que decirle adiós a todo eso y encarar un mundo donde, para asombro de nadie, esos mismos principios de subyugación se repiten una y otra vez. Toma poco tiempo darse cuenta de que el afuera no es lo contrario del adentro doméstico o laboral sino su continuación por otros medios. Su confirmación. Por eso, para mí, el asunto estuvo siempre en cómo escapar. No sé de quién la aprendí, pero una de mis lecciones básicas en la vida consistió en ubicar, nada más al llegar, la puerta de salida por donde, a su debido momento, debía pasar mi cuerpo en pos de algo más.

Dice Dimitris Papadopoulos que la gente no escapa de; la gente escapa. Escapar es el movimiento original. Primero está el nomadismo y, sólo después, a fuerza de control o escasez o miedo, la vida sedentaria. La construcción del techo. Los muros. Las ventanas. Si esto es cierto, y francamente creo que lo es, no basta con abrir la puerta e ir en pos del cuarto impropio. Hay que saber que ese cuarto por el que pasamos es fugaz. Importante, pero transitorio. He vivido en cuartos modestos llenos de libros, en cómodas recámaras con alfombras y amplios ventanales, en cuartos de vecindad olorosos a musgo y con pisos de cemento, en habitaciones con vista al mar. Al inicio, cuando la prisa era mucha, cuando el futuro parecía más amplio que el pasado, evitaba dejar rastros. Nunca se me hubiera ocurrido escribir «Cristina estuvo aquí» en ningún lado. Se trataba de pasar desapercibida para que las informes aspas del poder no me alcanzaran. Se trataba de correr más fuerte, de reaccionar más rápido. El asunto era no tener cuerpo (y tal vez por eso se me olvidaba comer). El cuerpo, como el cuarto, me ataban de maneras implacables e ineludibles a narrativas que, no por no entender a cabalidad, no terminaban afectándome.

Simone de Beauvoir tenía razón, una no nace mujer; a una la vuelven mujer. A medida que ha pasado el tiempo, conforme los terrores de esos años adolescentes han adquirido nombres y formas específicas, me he vuelto menos reacia a dar mis señas. Sé que somos más. En los caminos encontré a otras que, como yo, avanzaban a salto de mata, guiadas más por un atroz instinto de supervivencia que por perseguir algún objetivo concreto. Y ni qué hablar de la esperanza. No había tiempo para eso. Se trataba de salvar el pellejo, literalmente. En el video animado «The End of Carrying It All / El fin de cargarlo todo», la artista keniana residente de Brooklyn, Wangechi Mutu, representa a una mujer que lleva un mundo entero sobre la cabeza mientras camina por los confines de la tierra. Aunque Mutu ha explicado que, como la civilización a la que condena, la carga de esa mujer es pesada porque ha coleccionado más de lo debido, también es posible ver esa figura como un cuerpo que lleva su propia casa a cuestas. Caracol iridiscente. Cosa completa. Seguramente se podrán dejar en algún lado los pozos petroleros o los edificios que toman más de lo que dan, pero no los pájaros. En la animación, el peso sobre la mujer es tal que termina siendo devorada por la tierra misma. ¿Y quién no?, me preguntaba luego de ver las imágenes por mucho rato, más como una alegoría de la autonomía que como una advertencia sobre nuestra complicidad con los enemigos de la tierra. Pero en el fin de cargarlo todo también hay un inicio: el de cargar sólo con un poco. El de llevar con una lo necesario, lo que permita el paso más ágil, y la amistad más ligera. Siempre soñé con esa larga mesa rectangular donde todo mundo pudiera encontrar un sitio. Ahora sueño con el origami en 3D de esa mesa que puedo llevar, doblada delicadamente, detrás del brasier. Siempre conmigo.

3. En contra del amor

Todavía puedo verlos a lo lejos. Allá van, atravesando la calle por un alto puente peatonal que tiene techo y rejas. No paran de hablar. Si pudiera oírlos desde la distancia sabría que arman uno a uno los versos de un poema que quieren escribir a la par. Los dos están de acuerdo: el amor es una trampa. Su primera obra juntos será este poema en contra del amor. Antes de bajar los escalones de metal, rodeados ya de los aparatosos ruidos de la ciudad, se besan allá en lo alto. Arriba de ellos, por sobre sus cabezas, el gris plomizo de las fábricas y las nubes ralas.

Siempre sospeché del amor. Veía con una frecuencia pasmosa cómo amigas a la que había creído talentosas y voraces se inclinaban, de repente, ante el altar del amor. Un día me decían que querían escalar los Alpes o recorrer la Muralla China o escribir la Gran Novela Mexicana, y al día siguiente, aparentemente de la nada, caían en las redes de una historia por la que estaban dispuestas a dar la vida entera, incluso, o especialmente, los sueños propios. Era fácil sacar conclusiones apresuradas después de todo eso: el amor era el verdadero enemigo. Si una quería llevar a cabo sus planes y consecuentar su deseo, lo mejor era no enamorarse. Había que resguardar el corazón y atender selectivamente los llamados del cuerpo. Una de mis tretas favoritas de aquel tiempo consistía en enamorarme locamente de individuos lejanos e imposibles, gente a la que no conocía bien y con quien sólo tenía un contacto tentativo o efímero. Mantenía así la teatralidad del amor, la ansiedad y la intensidad que le achacaban, pero desde una distancia precavida que me regalaba la letra. Mi otra treta favorita era acercar el cuerpo, pero mantener intacto, en algún lugar bajo llave, todo lo demás: los libros, las ideas, los planes para el futuro. Los escritos.

Entonces pensaba que el enemigo era el amor, toda clase de amor, y no el amor que, históricamente, se ha inventado el capitalismo y el heteropatriarcado para mantener a una buena parte de la población sumisa. Ese amor que me espantaba y al cual rehuía de maneras que apenas empiezo a desentrañar, tenía una buena dosis del afamado amor romántico pero iba también aderezado de una eficaz división del trabajo en la que a la mujer le correspondían las labores de cuidado y reproducción dentro y fuera de casa. Como bien ha discutido Silvia Federici, ese trabajo invisible, sin remuneración, inacabable, es la base misma de la dinámica perversa del amor en tiempos de álgido neoliberalismo. Ahí, donde mis amigas recién enamoradas veían fusiones eternas y destinos por cumplirse, la adolescente que yo era avizoraba, de manera difusa pero amenazante, cárceles, explotación, oprobio.

Una de las estrategias que la poeta norteamericana Claudia Rankine utiliza en *Citizen*, el libro que se yergue contra el racismo circundante y creciente en los Estados Unidos y que ha afianzado su reputación como una de las pensadoras más profundas de la lengua inglesa hoy, es la descripción puntual y clara de situaciones que el poder ha querido volver intencionalmente ambiguas. Una y otra vez, ante escenas que pueden prestarse al equívoco, la voz poética se pregunta y nos pregunta: «¿Pero en verdad me está diciendo eso?». Y la respuesta, compleja pero empírica, en los grises de una realidad nunca unívoca pero identificada de manera precisa, es sí. Sí, eso es discriminación. A eso se le llama racismo. Esto es un trato claramente desigual. El lector no puede cerrar las páginas de *Citizen* sin saber a ciencia cierta que muchas de las situaciones que nunca se atrevió a denominar como racistas en verdad lo eran. Lo que la poesía de Claudia Rankine ofrece a su lector es ese acompañamiento firme y mesurado, atento en todo caso, en el proceso de reconocer como desiguales e hirientes un montón de situaciones que, en su momento, otros quisieron hacer pasar por ser otra cosa. Lo que Rankine nos regala es la gracia de la palabra que libera en el momento en que nombra.

Eso que la escritura de Rankine ha hecho para quitarle el velo al racismo lo hizo la escritura de Simone de Beauvoir y Rosario Castellanos con respecto al amor heterosexual. A la primera le debo una frase que, de haber podido, habría tatuado en alguna parte visible de mi brazo derecho: «El día que una mujer pueda no amar con su debilidad sino con su fuerza, no escapar de sí misma sino encontrarse, no humillarse sino afirmarse, ese día el amor será para ella, como para el hombre, fuente de vida y no un peligro mortal». De la segunda me quedan innumerables poemas en que la herida amorosa no deja de ir acompañada de exámenes devastadores, desprovistos de todo sentimentalismo, sobre las condiciones desiguales de los amantes. En «Agonía fuera del muro»: «No te acerques a mí, hombre que haces el mundo / Déjame, no es preciso que me mates». En «Falsa elegía»: «Compartimos solo un desastre lento. / Me veo morir en ti, en otro, en todo. / Y todavía bostezo o me distraigo / Como ante el espectáculo aburrido». Finalmente, en los versos que se citan con mayor frecuencia, «Meditación en el umbral»: «Debe haber otro modo que no se llame Safo / ni Messalina ni María Egipciaca / Ni Magdalena ni Clemencia Isaura, // Otro modo de ser humano y libre. // Otro modo de ser». En efecto, otro modo de ser. Habría que añadir ahora, otro modo de ser que no se llame Rosario Castellanos ni Elena Garro ni Inés Arrendondo. Otro modo de ser, humano y libre.

Pero el feroz amor de la desigualdad no sólo afecta a la mujer. Pocas veces el amor ha sido tan aterrador como el de este hombre que se llama Karl Ove Knausgaard quien, no por estar profundamente enamorado, o tal vez precisamente por estarlo, deja de lado su inmisericorde poder de observación en el segundo volumen de su largo proyecto autobiográfico, *Mi lucha*. Porque su afán no es contar una ficción, ni siquiera una historia propiamente dicha, sino «aproximarse al núcleo de la vida», la escritura de su amor pronto se aparta de los relatos estereotipados del amor loco, propios de tantos libros del siglo xx, pero también de los más sesudos tratados que, como el de Alan Badiou, han hecho elogios más bien abstractos del amor largo, comprometido, maduro. Apegada a los cuerpos y los objetos, sin apartarse un segundo de aquello que observa, pero sin preocuparse hacia dónde se dirige o qué confirma, la descripción Knausgaardiana logra tocar eso que significa amarse a inicios del siglo xxi en un contexto urbano de la clase media intelectual. La historia, es menester advertirlo, no es bella. Es poderosa, en efecto, pero no bella a la manera de los cuentos con los que se arrulla a los niños. A la manera, es decir, de la ficción. Los protagonistas de este amor y de esta verdad, Karl Ove y Linda, no «fueron felices para siempre» pero fueron felices, sí, a veces, de manera tentativa e intermitente, con frecuencia sin proponérselo o sin saberlo o, francamente, en contra de sí mismos.

Fiel al principio narrativo que ha puesto en marcha desde el primer volumen de la autobiografía, Knausgaard no le escatima nada al lector de esta historia de amor. Cubriendo con igual atención los momentos sublimes del encuentro como los dramáticos de conflicto, la mirada knausgaardiana se detiene con singular eficacia en los aspectos más materiales de la vida en común: el trabajo doméstico, por ejemplo, la división de tareas y de tiempos en el ámbito privado, las disputas sobre el tiempo libre, las relaciones entre las actividades hogareñas y el trabajo asalariado. En efecto, gran parte de esta historia de amor se ocupa de las labores de la compra y preparación de alimentos, el lavado de la ropa, la limpieza de la cocina y la recámara, la atención puntual de los hijos. Quién hace qué y por cuánto tiempo es, tal vez, la discusión más frecuente entre estos amantes que, a menudo exhaustos, si no es que francamente irritados, se apresuran a defender con uñas y dientes el poco tiempo libre del que disponen. «¿Debíamos ignorar una parte importante del poeta y el diarista por cuestiones de decencia? ¿Olvidar lo desagradable?», se pregunta retóricamente Knausgaard mientras avanza puntillosamente por la plétora de detalles fastidiosos, ingratos, antipáticos, con frecuencia aburridos, que conforman la vida de las parejas enamoradas. (Vol. 2, pág. 281).

No son estos los elementos comúnmente asociados al amor romántico, y ni siquiera al amor filial que tanto empieza a apreciar una cierta novelística latinoamericana cada vez más alerta a las diferencias y las jerarquías de géneros, pero sí son las condiciones de un amor real, contundente, miles de veces renovado. No es únicamente feliz a la manera de los cuentos, pero es. No es sólo desgraciado a la manera de la imposibilidad, pero es. Habrá que pensárselo muy bien la próxima vez que se desee un amor verdadero. Y habría, al mismo tiempo, que tomarse en serio las palabras de Rosario Castellanos y darse a la tarea de crear con otros ese otro modo humano y libre de ser. Recuerdo las palabras de Gabriela Wiener escribiéndole esa larga y amorosa carta a su madre para explicarle el peculiar arreglo sentimental al que ha llegado en un trío que descree fundamentalmente de los principios egoístas y mordaces del capital y me digo, ahí vamos. Otro modo de ser. Me gustaría pensar que, aunque tarde, aquellos adolescentes del puente citadino que se amaban como se ama a esa edad, furibundamente, están recibiendo en este preciso momento esa carta.

4. El reposo de la feminista

Dice Sara Ahmed que vivir una vida feminista consiste en hacer que todo sea cuestionable. Y, por todo, quiere decir, en efecto, todo. El piso por donde arrastramos los pies; los cuerpos que habitamos; las familias de las que venimos y las que, en su momento, formamos a su vez; las estructuras de clase y raza que determinan tantos de nuestros días; los espacios públicos a los que tenemos, o no, acceso; la esfera de lo doméstico; la manera en que nos cuidamos y, también, los múltiples modos de nuestro descuido; cómo nos acercamos a otros y, cómo, cuando necesitamos silencio y privacidad, nos alejamos. Una feminista vive con los ojos abiertos. Para ser una feminista, insiste, hay que ser siempre una estudiante. Los movimientos feministas ocupan el campo público pero también pueden ocurrir cuando una mujer dice basta a solas, dentro de un cuarto que ya no la detendrá más. Si todo eso es cierto, y estoy segura de que lo es, ¿cuándo descansa la feminista?

Mucho se ha hablado del reposo del guerrero, esa figura mítica del hogar al que, una vez cumplidas sus tareas, regresa el hombre en busca de cuidados, alimento, sexo. El componente patriarcal de la frase es poco sutil. Cuando el guerrero se cansa de sus andanzas en la esfera de lo público, se vuelve al ámbito de lo doméstico donde, gracias a una estructura desigual e inamovible, podrá relajarse o recuperar las fuerzas para la siguiente aventura. Poco sabemos de lo que piensan o sienten los habitantes del hogar, puesto que su función en este cuento tan estricto es poco más que dar la bienvenida y proveer servicios y cuidados con alegría, si no es que incluso con gratitud. ¿Cómo se las arreglaron para sobrevivir durante la larga ausencia del guerrero? ¿Cómo consiguieron agua, leña, alimentos? ¿Alguna vez se dejaron sentir los efectos de esa guerra lejana pero alcanzable, puesto que el guerrero regresa, en ese hogar mítico? El dicho nos pide que no pensemos en ello. De alguna manera lo hicieron. ¡No vengamos las feministas de aguafiestas a hacer preguntas imposibles! Lo que importa es la felicidad del guerrero; su descanso. Lo que importa es que la imagen del hogar permanezca inmaculada, una pintura costumbrista a la que nunca hay que hacerle la pregunta sobre la acumulación. Pero ya estoy una vez más en el cuestionamiento, cuando quería hablar sobre el reposo.

Hace algunos años me sorprendí leyendo un artículo ligero sobre la famosa feminista norteamericana Gloria Steinman. Ahí confesaba que, luego de años de no poner atención a su vida privada, se había dado cuenta de que necesitaba tiempo para sí misma. Si veía hacia atrás, sólo alcanzaba a avizorar un montón de cuartos desordenados, llenos de cajas sin abrir, donde apenas si probaba bocado. Años después, Gloria por fin quería descansar. Una similar sorpresa me atacó cuando husmeaba entre los papeles personales de Gloria Anzaldúa en la Benson Collection, ubicada en la Universidad de Texas-Austin. Además de muchos de los dibujos que utilizó para impartir talleres o dar clases, el archivo contiene listas muy detalladas de su consumo diario de alimentos. Aunque ya sabía que sufría de diabetes, una noche no muy sana la feminista fronteriza consumió, por ejemplo, cuatro tamales. Atenta a los vaivenes de su vida espiritual, Gloria también guardó las grabaciones de sus lecturas de tarot y otras exploraciones metafísicas. Estas pequeñas piezas de su vida privadas son entrañables porque, en un tiempo en que era necesario enfatizar la entrada de las mujeres en las esferas públicas, mucha de la complejidad del hogar y su aura privada quedó oculta detrás de las cortinas.

Complejas y contradictorias a veces, estas mujeres no sólo nos enseñaron a avanzar por la vida con los ojos abiertos, cuestionándolo todo, sino también a resguardarnos en los lugares de lo común cuando el cansancio o la salud o el simple gusto así lo requería. Aunque es posible hablar de muchas formas del feminismo, también es posible decir que todos ellos, con todo y sus diferencias y asonancias, coinciden en la importancia vital y política del cuerpo. Por eso ellas y tantas otras feministas han tenido que dedicarle tiempo también al cuerpo en reposo. «Hay que tomar un vaso de agua después de bañarse», insistía mi abuela, que nunca se dijo feminista aunque lo era. Recuerdo ese entre otros muchos consejos que he adoptado como código personal a lo largo de los años. Si fue gracias a los cruces inesperados en los caminos del escape que me topé con otras fugitivas, sabiendo que la soledad había terminado, la primera persona del plural no ha dejado de crecer. Está en las letras que coloco una a una en esta pantalla, puesto que construimos un lenguaje juntas. En las manos que cultivaron el té y que hicieron la taza y el plato con el que llega primero a mis labios y, después, a mi cuerpo. Y así con cada objeto que hace posible este texto: la computadora, la mesa, la silla, la ventana. No hay solistas, asegura el poeta norteamericano Fred Moten, sólo hay acompañamiento. Vivir una vida feminista hoy es saber eso desde dentro de cada uno de los huesos.

OTRO MODO QUE NO SE LLAME

Yolanda Segura

Yolanda Segura (Querétaro, 1989) ha publicado *Todo lo que vive es una zona de pasaje* (Frac de Medusas, 2016) y *O reguero de hormigas* (FETA, 2016). Poemas suyos y artículos críticos han aparecido en diversas revistas y antologías. Fue ganadora del Premio Nacional de Poesía Joven Francisco Cervantes, en su edición 2017, y del Premio Nacional de Poesía Carmen Alardín, 2018. Cursó el Seminario de Producción Fotográfica 2017 en el Centro de la Imagen; como resultado de éste, una pieza suya se expuso en la muestra colectiva *Nos prometieron futuro*. Estudió la maestría en Letras Latinoamericanas en la Universidad Nacional Autónoma de México y realizó una estancia de investigación en la Universidad de Buenos Aires. Actualmente realiza el Doctorado en Letras (UNAM). Mantiene el blog wwww.elreversodelaspiedras.blogspot.mx y la cuenta de twitter @yolaseg.

1. MOLER

Para que yo pudiera escribir este texto, mi abuela Esther trabajó toda su vida haciendo y vendiendo chocolate: moler, poner al sol, hervir, moler de nuevo, formar, dejar secar, envolver. Moler, poner al sol, hervir, moler de nuevo, formar, dejar secar, envolver. Un día le pregunté si ella sabía leer y su respuesta fue una carcajada que todavía no sé interpretar. Mi abuela Eloísa fue secretaria durante más de cuarenta años, en los últimos no sólo eso: su labor consistía en revisar a quienes visitaban a los presos en la cárcel del pueblo. Pasaba los días vigilando que no entraran frutas porque con ellas se podía hacer pulque, que no entraran punzocortantes, que la comida estuviera limpia. A veces me llevaba a su escritorio y me prestaba lápices y colores, a veces también me enseñaba a dibujar manos, ojos, sonrisas. Los maridos de ambas, en cambio, tuvieron trabajos varios, desde taxista hasta cantinero o paletero. El de mi abuela paterna incluso se fue a conseguir libros para la niña y nunca volvió. Cambiar de ocupación y de vida fue un privilegio al que ellas no accedieron, tuvieron siempre que hacerse cargo de las y los hijos, de la casa, de inventar trabajitos extra para que el dinero no faltara. Una hacía papitas con salsa que vendía por la ventana de la casa, la otra tomó una carriola vieja y se fue a vender dulces afuera de la primaria. Gracias a eso, mi padre y mi madre pudieron estudiar y ser maestros de escuela rural. También es por esa razón que siempre hubo alguien más para cuidarme. Gaudencia, mi nana en el pueblo, esas abuelas, mis tías… Pienso en el tiempo y el trabajo que ellas dedicaron para que yo pudiera, sin que supiéramos que eso pasaría, ser libre para escribir estas líneas.

Esa libertad viene como un privilegio que me implica pensar en lo que hago y lo que digo, para saber cuándo escuchar, cuándo preguntar, cuándo guardar silencio. El de las mujeres es un relato que va construyéndose de a poco y colectivamente, con notas como las que encuentro en redes todos los días: *El mundo del arte redescubre a sus mujeres; Diez escritoras latinoamericanas que tienes que leer; Las mujeres del boom; La fotografía feminista actualiza su legado generacional.* Sin embargo, esas formas de visibilización también nos dan cuenta de lo mucho más complejo que resulta el asunto: ¿cuántas otras historias no alcanzan a «rescatarse»? ¿Cuántas ni siquiera pasan a la memoria familiar, íntima? Además de ello, habría que ver cuáles son los parámetros que orientan esas listas, con qué exigencias, para qué público y con qué intenciones. Recuerdo la famosa frase de las Guerrilla Girls en 1989: ¿Tienen que estar desnudas las mujeres para entrar en el Met? Aunque menos del 5 % de los artistas de las secciones dedicadas al arte moderno son mujeres, el 85 % de los desnudos son femeninos. Las estadísticas del presente no son demasiado distintas.

Un día pregunté en Twitter: ¿se imaginan que hiciéramos una historia de la literatura compuesta sólo por morras y que de pronto pusiéramos alguna excepción masculina, justo así como a las mujeres se les ha excluido sistémica y sistemáticamente? Un espontáneo me contestó que me estaba perdiendo de escribir un capítulo de *Guerra y paz* por gastar tiempo en esa pregunta. ¿Para qué querría yo escribir una novela que ya está escrita?

3. Hervir

Valerie Solanas intentó matar a Andy Warhol en 1968. Un año antes, había publicado el scum (Society for Cutting Up Men) Manifesto, escrito como una especie de respuesta a eso que

Freud llamó la envidia del falo. Encuentro en Wikipedia dos fragmentos puestos en comparación:

Siendo una hembra incompleta, el macho se pasa la vida intentando consumarse, volverse mujer. Trata de hacerlo a través de una búsqueda constante, fraternizando e intentando vivir una fusión con las mujeres, reclamando como suyas todas las características femeninas — fuerza emocional e independencia, fortaleza, dinamismo, decisión, tranquilidad, objetividad, asertividad, coraje, integridad, vitalidad, intensidad, profundidad de carácter, afirmación del yo, etc. — y proyectando en las mujeres todos los rasgos masculinos — vanidad, frivolidad, trivialidad, debilidad, etc. Sin embargo, podría decirse, que el macho tiene una superioridad evidente sobre las mujeres — las relaciones públicas. (Él ha hecho un trabajo brillante al convencer a millones de mujeres, que los hombres son mujeres y las mujeres son hombres). La demanda masculina de que las mujeres encuentren su realización a través de la maternidad, no es sino un reflejo sexual de lo que ellos piensan los satisfaría si fuesen mujeres.[1]

Manifiesto SCUM ,valerie Solanas[2]

Elemento fundamental de la sexualidad femenina y móvil de su dialéctica. La envidia del pene surge del descubrimiento de la diferencia anatómica de los sexos: la niña se siente lesionada en comparación con el niño y desea poseer, como este, un pene (Complejo_de_castración); más tarde, en el transcurso del Edipo, esta envidia del pene adopta dos formas derivadas: deseo de poseer un pene dentro de sí (principalmente en forma de deseo de tener un hijo); deseo de gozar del pene en el coito. La envidia del pene puede abocar a numerosas formas patológicas o sublimadas.

El texto puede leerse como una sátira contra esos discursos de odio alentados tradicionalmente contra las mujeres y también como una especie de delirio distópico que ha sido descalificado y, más aún, depositado en la pila de los textos inclasificables y problemáticos. La autoedición de SCUM era vendida en las calles de Nueva York, al precio de un dólar para las mujeres, dos dólares para los hombres.

Casi ciento setenta y seis años antes, Olympe de Gouges publicó la Declaración de los Derechos de la Mujer y la Ciudadana, una paráfrasis de la Declaración de Derechos del Hombre y del Ciudadano de 1789, documento primordial de la Revolución Francesa. A De Gouges le pareció que todo estaba muy bien, a excepción de que habían olvidado incluir a las mujeres en el documento, pese a que ellas habían participado activamente en el movimiento. El segundo artículo de su texto dice: *El objetivo de toda asociación política es la conservación de*

los derechos naturales e imprescriptibles de la Mujer y del Hombre;
estos derechos son la libertad, la propiedad, la seguridad y, sobre
todo, la resistencia a la opresión.

Encuentro aquí dos casos de reescrituras extremas, cuya
intención es la crítica, así como diría Foucault: un modo de
resistencia a ser gobernadas de la forma en que somos gobernadas; no como un juicio sino como una práctica que haría que
nuestras certezas no sostengan un cierto modo de estructurar
el mundo. Estos ejemplos son de mujeres con cuerpos atrave-
sados por condiciones materiales bastante disímiles: Gouges
es una mujer burguesa que produce una declaración liberal,
mientras la historia de Solanas es la de una mujer lesbiana, de
clase trabajadora, que parió dos hijos antes de los quince años
y dejó el hogar familiar por los abusos que se cometieron en su
contra, cuyo resultado es un texto anarquista, anticapitalista
y misándrico.

Y sin embargo, el procedimiento es similar: ambas toman
un documento previamente existente para reformarlo a partir
de un discurso excluido del espectro y con eso desnaturalizan
el orden.

Dice Judith Butler: *Una no se conduce hasta el límite para*
tener una experiencia emocionante, o porque el límite sea peligroso
y sexy, o porque eso nos lleve a una excitante proximidad al mal.
Una se interroga sobre los límites de los modos de saber porque ya
se ha tropezado con una crisis. Es decir: luego de enfrentar la
opresión más de una vez, nos damos cuenta de que hay algo
que no funciona en nuestra relación con el mundo, y cuando
esa intuición se comparte descubrimos que muchas mujeres
nos sentimos en las mismas, que esas estructuras estaban ahí
desde antes y nos toca cuestionarlas. ¿Cómo convertimos en un
problema a aquello que determina «la calidad» de la literatura
que leemos y producimos, de los personajes que nos intere-
san? Hay quienes creen que existen rasgos universales para
que la gran literatura se sostenga, lo mismo que el señor que en
Twitter me contestó aquello de *Guerra y paz*. Otras personas creemos que tales valores son en realidad una forma de

disfrazar un punto de vista hegemónico que parte de la exclusión. Como dice Hannah Gadsby: no me gustaría ser un hombre blanco heterosexual en este momento de la historia. Porque es justo ese sitio el que más nos toca cuestionar; ese perfil es el que insiste en hacernos creer que todo está bajo control, el que no siente que sea necesario repartir nada (los espacios en la literatura, por poner un ejemplo), el que cree que todo tiempo pasado fue mejor y que cualquiera que enuncia cosas como éstas lo hace por resentimiento.

Mientras tanto, nosotras revisamos compulsivamente los índices, las listas, de manera casi automática exigimos encontrar nombres de mujeres entre todos los conteos y, si no los hallamos, vemos razones para dudar de la selección.

4. Moler de nuevo

Ellen Berry, en *Women's experimental writing*, recuerda que: *El lenguaje y otros sistemas de signos construyen el significado, la verdad, el sujeto y la historia, y estos significados son ellos mismos inestables, parciales, cambiantes y situados. Por lo tanto, cualquier afirmación de verdad o narración maestra es parcial.* Este comentario me parece útil para pensar la función y la posición de lxs autorxs en el presente, partiendo desde no cancelar el cuerpo que emite el discurso sino asumirlo como una encrucijada, un punto desde el cual es posible ensamblar las piezas que de otra manera no habrían estado juntas, y no mucho más que eso. Antes que pensar un autor neutro, sustituido por puro lenguaje, valdría la pena despojarnos de romanticismos, reconocer que ese sitio y esa perspectiva son inestables y provisionales, y que la enunciación desde un cuerpo de mujer es distinta que aquella que se hace desde un cuerpo masculino porque está atravesada por otras violencias.

Más que historias como las de *Guerra y paz*, busco historias diminutas, irrelevantes, sin más desgracias que las que le suceden a una mujer común con una vida común, que no son pocas; aquellas que no pretenden dar cuenta de una *condición universal* (como se le llama al disfraz de ese hombre que puede nunca pensar en su cuerpo al momento de escribir), sino que asumen su condición de singulares, de imperfectas, las historias cuyas voces no hemos escuchado suficientes veces. ¿De qué manera contamos las vidas de las mujeres que nos precedieron, que habitan a nuestro lado? No basta con *visibilizar*, dejar constancia de su existencia o releer. Las condiciones materiales que determinan las vidas de las escritoras: ¿son las mismas que las condiciones materiales de las mujeres de nuestras familias? ¿Cómo logro hablar con ellas? Alejandra Eme me recuerda el epígrafe que Sylvia Aguilar eligió para una de sus novelas: *Nunca nadie hizo jamás buena literatura con historias familiares*. Tal vez porque de buena literatura, en esos términos de la tradición, ya hemos tenido suficiente.

5. FORMAR

A veces tengo la sensación de que pocas cosas cambian, de que los problemas permanecen. Pero somos nosotras quienes cambiamos y ya no podemos, como decía Pizarnik en *Caminos del espejo*, *mirar con inocencia, como si no pasara nada*. Me doy cuenta de que en unos cuantos años tuvimos palabras para nombrar lo que antes eran sólo sensaciones corporales, intuiciones, incomodidades que ahora sabemos que se llaman *mansplaining* o *ghosting*, por ejemplo. ¿Qué hacemos cuando tenemos los ingredientes para hornear un pastel pero nos falta el horno? Enunciar no siempre es suficiente para modificar, aunque sirve: ya nos pone en un estado de alerta y autocuidado, para tejer redes. Y sin embargo, parece que no tenemos aún las herramientas para solucionar colectivamente mucho de lo que nos preocupa. Me recuerda Maricela: *la brecha salarial, el castigo económico por maternidad, los trabajos domésticos y de cuidados que siguen recayendo sobre nosotras incluso si renunciamos a ser madres, las 13 horas más que, en promedio, destinamos a ese tipo de tareas en comparación con nuestros pares hombres.* ¿Cómo escapamos de esas fuerzas?

6. Dejar secar

Mientras, por un lado, reconocemos las violencias sistémicas, por el otro existe cierta tendencia feminista que prioriza la agencia individual y, en ese movimiento, vuelve a disfrazar de personales ciertos conflictos que nos atañen como colectivo.

Si la frase *lo personal es político resuena* como lema feminista de los sesenta, quizá valdría pensarla en el presente y recordar lo otro que también dice: eso político atraviesa nuestras vidas y se cuela a nuestras camas: el sexo, las horas de descanso, los lugares de trabajo. No nos compete únicamente reconocernos como parte de una serie de discursos sino que es necesario procurar los sitios para discutir eso íntimo también en la esfera pública. Hablar entre amigas de estos temas es una forma de hacer (micro)política: poner en el centro las historias para que entre todxs nos hagamos cargo de ellas. Quiero creer que con esas herramientas es posible configurar un presente que asuma que todas las vidas importan y que antes que las diferencias, es la vulnerabilidad lo que nos puede conectar con las demás personas.

Discutir nuestros afectos y ponerlos en los textos, reconocerlos permeados por el capital y compartidos como experiencia es una manera de hacernos más tolerable el mundo. Mujeres en comunidad. Labala me dice *Pienso en el deseo y me preocupa que sólo nos configuremos desde occidente. / Tema raza y clase. / Nos lleva a emular políticas trendy, importantes claro, pero no radicales. Están las europeas yendo a marchar en plan me 2 y la criada en casa / Viste el cómic?* En el cómic, una mujer de clase media habla con la mujer que hace limpieza en su casa y le cuenta que la marcha feminista estuvo muy buena. ¿Cómo desarticulamos ese sistema de privilegios o cómo entonces evitamos que nos paralicen? *Creo que hay una urgencia de hacer*

política distinta / Revolucionar esos espacios masculinos occiden-
talizados. Nos toca la creatividad. Lo impensable ya tu sabeh. Es
decir, no se trata de querer todos los sitios que los hombres
tradicionalmente han tenido, sino preguntarnos una y otra
vez sobre su existencia y fundamento. Buscar más formas de
escrituras radicales. Preguntarnos por las bases sobre las que
se asienta el orden del mundo, saber por qué no queremos escribir una novela rusa del siglo xx. Una epistemología distinta:
deshacer el feminismo en su matriz de pensamiento europea. La
moral europea. / Creo que es zapatista la frase: la cabeza piensa
donde los pies pisan. / Algo como lo que dice Francesca Gargallo:
me eduqué, por ejemplo, en cuándo podía hablar sin interrumpir la
palabra de la otra. Escuchar se convirtió en mi principal instrumen-
to de aprendizaje. Soltar el micrófono. Escuchar. Dialogar es una
posibilidad de cuestionar las jerarquías.

Se trata, quizá, de buscar las prácticas que nos permiten
sentarnos a platicar en conjunto. Entender que lo que entiendo funciona para mí y, con un poco de suerte y otros factores,
para algunas otras parecidas a mí. Asumir que las formas de
nombrarnos cambian y que siempre es necesario leer notas
como *Update to transgender style guide: avoiding invalidating*
language traps para ver de qué manera vamos adaptando el
lenguaje para hacer hueco a experiencias y subjetividades que
habíamos negado.

7. Envolver

Ytzel me manda una nota de audio sobre la crítica y la escritura
hecha por mujeres. Me habla de Adrienne Rich y sus trabajos
cuestionando el papel que tiene lo femenino en la literatura.
Recuerdo enseguida esa carta que le escribe a su amigo Arturo,
un escritor chicano a quien intenta explicarle, a partir de las
charlas que han tenido, por qué la política y la literatura no
son mutuamente excluyentes. Le escribe, más o menos, que
su ficción le ha ayudado a entender por qué el término clase

media tiene significados tan diferentes para ella y para él: *So-*
mos incapaces de escribir de amor sin escribir de política, aunque
queramos. Tú, como chicano-mexicano homosexual, no eres un
«hombre» en los términos de tu cultura. Yo, como mujer, lesbia-
na, judía, sesentona, Igual que tú, tengo un problema dentro de
otro: la cuestión judía, la cuestión de la mujer: ¿quién cuestiona?
¿quién tendría que responder? Ese deslizamiento rescata la esfera
privada de las prácticas que se resisten, como pueden, a ser
institucionalizadas. Más adelante, reconoce que su intuición
es algo más grande que ella misma, que viene de un espíritu
de época y de una comunidad con la que estableció el diálogo:
Escribir un poema, comenzando tal vez con un sueño doloroso, una
imagen arrebatada de un autobús, una frase que escuché en un
bar, este pedacito de visión privada conecta de repente —todavía
conecta— con una vida más grande que la mía, una existencia no
meramente personal.

8. Compartir

Al molino de mi abuela Esther le adaptaron un motor de lava-
dora para que el proceso dejara de ser manual. Con todo, una
parte de la elaboración la siguió haciendo con el metate. Unos
meses antes de morir, le enseñó a mi tía recién divorciada la
receta. Las experiencias que se comparten, el chocolate que
humea, son un recordatorio de eso que tuvo que pasar para
que yo pudiera escribir, para compartir el diálogo con otras en
un espacio como este y reconocer que todas las escrituras, se
diga o no, están hechas en comunidades.

Un cuerpo de mujer que escribe es un cuerpo que se pone
entre las voces, en un lugar sobre el que no reclama propiedad pero que lo constituye y desde el cual es capaz de articular,
una especie de no-espacio para los afectos que cuestione las
convenciones sobre la escritura y los formatos y, con ello,
las convenciones sobre el lenguaje mismo y todos los estamen-
tos que nos determinan.

Castellanos escribió: *Debe haber otro modo que no se llame /
Safo ni Mesalina ni María Egipciaca / ni Magdalena ni Clemencia
Isaura. / Otro modo de ser humana y libre. / Otro modo de ser.*
Es sólo en esa comunidad, reconocida y habitada, que puedo
pensar en una literatura que se cuestiona constantemente y
renuncia a las estructuras cerradas, convencionales, acabadas.
Una escritura con sitios para más cuerpos en común, en la que
encontremos esas maneras alejadas de lo excepcional, y más
cerca de cualquiera de nosotras.

MEDALLA O ESTIGMA

Diana J. Torres

DIANA J. TORRES (Madrid, 1981) fue criada en una amorosa y antiautoritaria familia de clase obrera con fuertes intereses artísticos. De este modo tuvo el privilegio de crecer en un entorno donde la imaginación, la expresión y la libertad eran los únicos caminos a seguir. Así, cuando Diana entró en contacto con el llamado «mundo real», se le hizo un terrible lugar donde habitar: un lugar donde las normas y regulaciones manejan cada parte de la vida, donde un híbrido entre el control estatal, el consumismo capitalista y la moral católica manipulan con mano firme las mentes y cuerpos de casi todas las personas. Frustrada y decepcionada con este nuevo entorno, Diana devino feminista y anarquista y empezó a mostrar su descontento mediante los recitales de poesía en antros, antes de embarcarse en la performance radical, el trabajo literario, la acción directa, la organización de eventos y los talleres. Ha publicado *Pornoterrorismo* (Txalaparta, País Vasco, 2010 - Surplus Ediciones, México, 2013), *Coño Potens/Pucha Potens* (Txalaparta, País Vasco, 2015 - Papayita Ediciones, México, 2015) y *Vomitorium* (Autopublicación, México, 2017) así como diversos artículos y ensayos en libros colectivos. Vive y trabaja en la ciudad de México.

Escribo este texto cinco días después de haber sido apuñalada en la calle por primera vez. El primer día discurrió completo en las urgencias del Hospital General de Ciudad de México, donde me di cuenta de que estos espacios de los hospitales públicos son iguales en cualquier país.

Los siguientes tres días pasaron nublados, afuera en la calle y también dentro de mí. Dormir muchas horas, despertar para tomar el analgésico, envenenarme con antibióticos, hacer la cura de la herida, ver series, ver pelis, comer, recibir amor: hacer puras cosas que ayudan a despejar los nubarrones o de plano a no verlos. Y hoy, en la quinta jornada con esta herida, por fin empiezo a pensar sobre lo sucedido, a recordar, a analizar. No sé si será la ingesta de medicamentos, la no ingesta de alcohol (estoy batiendo mi récord de abstinencia desde la apendicitis) o el dolor que traigo a ratos, pero mi mente está más clara de lo habitual. Supongo que por eso escribo.

Pensamientos, imágenes y recuerdos: la voz del asaltante y el brillo de su metal, la cara de mi compañera, el miedo en los ojos de todxs, mi no dejarme asaltar porque conmigo traía diversas cosas demasiado valiosas como para no plantarle cara a un muchacho con un cuchillo.

Su intento de acercarse a mi cuerpo, el bolsazo en su cara, su golpe en mi pierna, su carrera. El calor de la sangre bajando hasta mi pie, colándose por dentro de la bota, comprender la cuchillada, la grasa de mi cuerpo borboteando por la grieta, las fibras sesgadas al fondo de un rojo más rojo que nada, las luces, las miradas, la impasibilidad de los testigos —esa respuesta tan atroz, la no-respuesta. Lo cierto es que todo esto es irrelevante, y lo es mucho más el color de piel del chico o el nuestro, las horas a las que estábamos yendo a por cigarros al Oxxo, las sustancias que recorrían nuestras venas, las de todxs, esa noche... Siento que todo menos el género es irrelevante.

Eso es lo único que mi cabecita (que siempre trata compulsivamente de buscar explicaciones para cualquier mamada) ha agarrado para darme algunas horas de entretenimiento en esta convalecencia que para alguien como yo que no puedo parar quieta, resulta bastante tediosa.

Llevo más de cinco años saliendo en mitad de las noches a caminar por calles desiertas guiada por tres de mis pulsiones elementales: cerveza fría, cigarros y complacer a mi compañera, quien una vez me dijo que se enamoró de mí porque siempre estoy dispuesta a aventurarme a la calle a por chelas, a la hora y en la condición que sea. Eso es porque amo la calle cuando es (o parece) sólo mía y siempre sentí que ese poder es uno de los más evidentes logros del feminismo en mí, porque sí, las calles son nuestras pero esa afirmación tiene demasiados condicionales cuando se es mujer, y más cuando se es una mujer que parece una, lo cuál no es mi caso. Es un poder que adquirí al llegar a México donde, paradójicamente, me siento mucho más segura que en mi ciudad anterior, Barcelona, donde la idea de ser detenida por la policía siempre estaba atormentándome cuando cruzaba el umbral de la puerta de mi casa.

En estas escapadas nocturnas jamás me había pasado nada del otro mundo salvo diversos tropiezos con borrachos inofensivos, algún que otro carro que se paró a mi lado para decirme «hey putito, vienes conmigo a un motel» y otra vez que me corretearon tres güeyes para lincharme al grito de «pinche joto de mierda» porque yo traía una minifalda y las uñas pintadas. Y no estoy hablando de cualquier ciudad (quizás también sea relevante eso, lo geopolítico le dicen), hablo del Distrito Federal, principalmente de las colonias Obrera y Doctores que es donde siempre he vivido y trabajado y que aunque yo no lo haya sufrido en propias carnes, hasta la fecha parece que son dos de las zonas más conflictivas de la urbe.

Esta especie de inmunidad que muy pocas mujeres pueden gozar y de la que yo disfruto está clarísimamente asociada a mi apariencia que no es ni la de una mujer ni la de un hombre y ni siquiera la de un joven común y corriente porque mi pelo, mi cara, mis tatuajes, y supongo que otros muchos detalles más, me convierten en alguien poco «asaltable» y mucho menos «violable».

Desafortunadamente, y contradiciendo el refrán, en las noches, no todos los gatos son pardos. No tengo casi ninguna amiga o amigo que no hayan sido brutalmente agredidos (sexualmente o no) en esas noches callejeras por las que yo me paseo con relativa tranquilidad.

Creo que de todas las experiencias terribles que le pueden acontecer a una mujer que camina sola (o acompañada por otra mujer) en las calles de México yo me viví la más leve y esto no es porque yo no sea mujer, sino porque los demás no me leen como una y porque, después, lo que me pasó es más visto como un acto entre idiota y heroico que como una cosa vergonzosa o terrible. Las personas que después me han dicho que qué valiente o qué boba soy por no dejarme asaltar, o las que directamente han llamado a mi herida «cicatriz de guerra», haciéndome así sentir orgullosa, hubiesen reaccionado de modo muy diferente si yo hubiera sido violada o si me hubieran dado una golpiza. No ha habido ni una sola instancia en la que yo hubiera podido convertirme en víctima.

Por otro lado, el chico que me apuñaló seguramente pensó que yo era otro muchacho, un igual, que aunque güero y raro, podría tener algo que robar y cuando me defendí, aunque me llegó a picar en la pierna, salió despavorido.

En la tarde llega una amiga a visitarme. Me trae cigarros y cariño. Recién platicándole de lo sucedido me doy cuenta de que no fue sólo un asalto nomás y que mi herida no es sólo una herida.

Efectivamente hay algo más detrás de todo eso, algunas preguntas y quizás también algunas respuestas. Si vamos a hablar de violencia y de privilegios acá, en México, en este país que es un charco de sangre, sería un acto de profunda deshonestidad simplificar las cosas y dejarlas pasar como acontecimientos sin importancia.

Siento que las personas que tenemos el privilegio de poder reflexionar sobre lo que pasa a nuestro alrededor, tenemos de algún modo también la obligación de tratar de poner nuestras reflexiones al servicio del conocimiento y pensamiento colectivos, para que sirva de algo por lo que hemos pasado. Es nuestro compromiso pensar y no quedarnos calladxs porque la inmensa mayoría de gentes que sufren esa violencia diariamente y a niveles que ni siquiera podemos sospechar están silenciadas por el propio sistema, ese cómplice absoluto de todo este cagadero.

Hablo con ella y le cuento que se siente muy extraño esto de haber sido acuchillada porque, aunque mi pierna tenga un hoyo de dos centímetros y medio, las fibras de mi cuádriceps estén remendadas al igual que mi piel y me mueva con un dolor y una dificultad del carajo, mis emociones están intactas.

No, de hecho, a nivel emocional me siento bastante bien y eso es lo raro. Hablamos de lo peligrosas que son las calles de la ciudad que habitamos sin pertenecer a ella pues las dos somos de fuera y también de la violencia cotidiana. Yo sé que ella cada día de su vida sufre acoso callejero, los mal llamados «piropos» o las tocadas de nalga en los apretones del metro, en fin, toda esa basura. Pero no menciona nada, porque no hace falta: las dos sabemos muy bien a qué nos referimos cuando hablamos de violencia.

Cuando se marcha comienzo a pensar en todos mis seres queridos que han sido violados y humillados y hay algo común en todos ellos: o son mujeres femeninas o son maricas. Obviamente muchos amigos hombres, masculinos, han tenido percances violentos en sus vidas pero casi todo siempre ha sido a manos de las fuerzas del orden o en peleas con otros machos por cualquier pendejada como una chica o ese tipo de cosas por las que se pelean los machos y cuyas consecuencias jamás son algo que se preferiría no haber vivido sino de lo que andan orgullosos por la vida porque esos sucesos son parte de la construcción de su masculinidad y de sus triunfos vitales. De hecho, haber sido parte de enfrentamientos físicos con otros hombres es algo de lo que suelen alardear y presumir. No puedo imaginarme a una mujer presumiendo sobre cuántas veces ha sido asaltada sexualmente, ¿pueden ustedes?

Si la violencia es algo que nos deja una herida o una huella, llamémosle como queramos, es importante darse cuenta de que para muchxs esa herida se comporta como medalla (el héroe que muestra orgulloso sus cicatrices de batalla) y para otrxs como estigma. Y con «estigma» me refiero a cuando esa «marca» ya no permite a una persona vivir sin miedo o con un mínimo de felicidad y tranquilidad, cuando esa marca convierte a la persona en víctima.

En este sentido, el de las consecuencias o los derivados de vivenciar un acto violento es donde creo que afecta de modo muy diverso a las personas feminizadas y a las masculinizadas, lo cuál no es más que un síntoma de esta corrosión social a la que muchas llamamos patriarcado, un sistema que hace que hasta lo malo sea menos malo para las personas privilegiadas por excelencia: los hombres (y quienes somos leídas como tales). Sobre cómo podríamos cambiar eso con toda sinceridad no tengo idea, aunque es posible que ayudara mucho si la actitud generalizada hacia las agresiones y sobre todo, hacia las llamadas «víctimas» fuera diferente.

Cuando muchos hombres critican el feminismo diciendo que obvia o pasa por alto la muerte y sufrimiento a los que se exponen ellos en las guerras o defendiendo a las mujeres o en la calle (cuando otro hombre los ataca), o cuando mencionan lo duro que es ser criado como hombre sin poder llorar o ser sensible y esas pendejadas, lo que está sucediendo en sus cabezas está totalmente regido por su manera de entender la violencia como algo cotidiano e ineludible, es decir, como algo normal e incluso deseable, algo que ellos mismos fomentan y veneran como a una divinidad porque una de las cosas que los hace «hombres» es justo poder enfrentarla, generarla, convertirla en su juguete favorito.

Entonces, una de las secuelas de vivir un acto violento desde mi perspectiva masculinizada es la carencia de miedo y el empoderamiento subsiguiente. Así es como me he estado sintiendo, empoderada. Quizás por haberle entregado un buen tributo de sangre a las fauces de este monstruo de ciudad me creo a mano con él y por tanto, protegida. A veces a las cosas les tenemos más miedo en nuestra imaginación que en nuestra experiencia y de seguro si me hubieran dicho hace unos días que iba a ser apuñalada en un asalto me hubiese cagado de miedo aunque ahora mismo no lo vea como algo que temer sino como algo a lo que enfrentarse y que tiene la capacidad de transformarme en alguien más fuerte.

Que de entre el inmenso abanico de cosas atroces que pueden pasarnos al caminar solas por las calles una violación sea asumida a nivel colectivo e íntimo como algo mucho peor que un navajazo no es una cuestión objetiva, sino cultural. En ambas situaciones otra persona (o varias) le inflige un daño a nuestro cuerpo de manera no consensuada introduciendo algo hiriente en él y causando una herida que dejará una cicatriz. En esa lectura que hacemos y que hacen lxs demás de las agresiones está el grave problema, en nuestro modo de enfrentar las cosas que nos pasan y que no deberían pasarnos, y creo que es una responsabilidad colectiva cambiar esta percepción en tanto que no podemos acabar con la violencia ni acabar de forma definitiva con la posibilidad de ser agredidxs.

Aunque aún no sepa cómo cambiar eso, considero que no es necesario que esperemos a que nos jodan y que podríamos quizás ir poniendo este tema en la palestra pues desde los feminismos se habla mucho de cómo responder a las agresiones machistas pero no se habla tanto de qué hacer con las cicatrices para que éstas no sean entendidas como estigmas, y se trata mucho menos la cuestión de las estrategias que podríamos desarrollar para ganarnos esa «inmunidad» que tanta libertad y tranquilidad me ha dado a mí, la cuál no creo que sea sólo una cuestión de cómo me veo, sino en toda la atención que le presto a mis intuiciones, mi conexión con lo que no podemos ver (lo divino o las energías) y posiblemente también mi raza y mi educación, aunque eso no es algo que yo haya elegido.

Estoy convencida de que a las mujeres nos han despojado, entre otras cosas, de nuestra intuición y nuestros vínculos con lo divino para hacernos más vulnerables y, de algún modo, el poder recuperar eso sí está en nuestras manos.

La sospecha de que algo más que mi mera apariencia me ha protegido durante todo este tiempo ha ido creciendo a lo largo de este día. No sabría muy bien describirlo pero en esas caminatas mías por la calle en la noche en realidad casi nunca me siento «sola», me acompaña algo así como una comparsa de entes protectores a los que a veces llamo divinidades y a los que por cierto entrego bastante pensamiento y cuidados aunque últimamente no he podido hacerlo porque no hago nada más que trabajar y trabajar.

En este día en que estoy pensando como si no lo hubiera hecho en siglos, otra de las cosas que no han parado de pasar por mi mente y a la que he tratado por todos los medios de no darle demasiada importancia por lo surrealista que suena hasta para mí, es si esto que me ha pasado no será por aquella Juquilita que desprendí de mí en un fandango en Playa Vicente hace casi dos meses y desde el cuál no han parado de pasar cosas horribles, como la muerte de uno de los fandangueros aplastado por un muro de la construcción en la que trabajaba (descansa en paz lindo Brayan), las garrapatas del gobierno y acólitos de diversas sedes succionando la sangre de mi humilde negocio (La Cañita, cuando gusten su casa), el asalto a mano armada (aunque prefiero esa mano a la del burócrata) del mentado negocio, el robo de mi único medio de transporte, mi adorada bicicleta, o de mi celular, a cuya ausencia ya me estoy acostumbrando para bien o para mal, y otros pequeños sucesos fatales que perdieron protagonismo con estas tragedias tan serias. La pregunta de si tendrá algo que ver en todo esto la Virgen de Juquila enojada conmigo por arrancar en pleno arrebato de mi cuello ese escapulario hermoso la tengo adentro de la mente y desgraciadamente no la sé responder.

Lo que sí sé seguro es que desde que llegué al país traje siempre conmigo algún tipo de amuleto de protección y en el tiempo en que he ido por la vida «desprotegida» me ha pasado de todo, lo más radical desde luego ver de tan cerquita la posibilidad de mi muerte porque ese cuchillo muy bien podría haber entrado diez centímetros más a un lado y seccionarme la femoral o un tanto más arriba y atravesarme el corazón.

Esto parecerá un desvarío que no tiene nada que ver con lo que estoy planteando pero es otra de las cosas que creo que me han mantenido segura en las calles hasta ahora además de mi masculinidad: mi espiritualidad y mi otorgarle a un objeto la capacidad de cuidarme o conectarme con aquello que considero que me cuida desde otro lugar.

Creo que lo importante no es cómo vivimos la violencia sino qué hacemos con ella en una sociedad en la que parece inevitable, o mejor aún, cómo la transformamos y cómo podemos rehuirla. No contemplo como solución para evitar las violaciones que las mujeres dejaran de parecer mujeres porque de todos modos estarían sufriendo algún tipo de agresión como la que me tocó vivir a mí hace cinco días y también es una forma de violentarnos que no podamos salir a la calle vestidas como nos da la gana y a las horas que nos dé la gana. Tampoco que andemos colgándonos escapularios y encomendándonos a lxs diosxs para que nos protejan.

Siento que dejar de naturalizar los actos violentos que nos atraviesan, dejar de entenderlos desde el derrotismo y pensar en los modos de transformarlos desde el privilegio de poder pensar y poder hablar o escribir, podría ser un buen paso. De hecho es algo que ya están haciendo muchas personas acá en este país, especialmente desde los feminismos. Yo sólo me uno a ellas porque no quiero ni ser una víctima ni cargar estigmas.

SOLAS

Sara Uribe

Sara Uribe (Querétaro, 1978) es norteña por adopción. Ha publicado diez libros de poesía y textos suyos aparecen en revistas y antologías de México, Perú, España, Reino Unido, Canadá y Estados Unidos. Ha sido becaria del Fondo Nacional para la Cultura y las Artes y del Programa de Estímulo a la Creación y Desarrollo Artístico. Obtuvo el Premio Regional de Poesía Carmen Alardín, el Premio Nacional de Poesía Tijuana y el Premio Nacional de Poesía Clemente López Trujillo. Actualmente estudia la Maestría en Letras Modernas en la Universidad Iberoamericana. Sus publicaciones más recientes son *Siam* (Fondo Editorial Tierra Adentro, 2012), *Antígona González* (Surplus Ediciones, 2012; Les Figues Press, traducción de John Pluecker, 2016) y *Abroche su cinturón mientras esté sentado* (Filodecaballos, 2017).

De las veces que mi padre me pegó en mi infancia, sólo recuerdo con nitidez una en particular. Era domingo por la tarde, yo tenía 7 años y hacía mi tarea en la sala de la casa. Mi padre silbaba y me distraía, así que le pedí que dejara de hacerlo. Su ira era siempre una combustión espontánea: en cuanto lo vi incorporarse corrí a la recámara y cerré el seguro de la puerta. Lo que más me dolió en aquella ocasión, lo que más lamenté, fue haberle pedido silencio para concentrarme y leer la lección. Me arrepentí no porque sus golpes me hubieran impactado, sino porque el cuerpo a donde fue a parar su furia no fue el mío. Mi padre buscando la llave. Mi padre llegando al umbral. Mi padre abriendo la puerta. Me metí en el clóset a modo de inútil escondite y protección. Cuando alzó su pesado brazo, entre él y yo se deslizó mi madre. Ella pagó mi osadía de niña pidiendo silencio, de mujer callando a un hombre.

Un sábado por la mañana, meses después, mientras veíamos una película de Tin Tan, mi madre nos preguntó a mi hermana —apenas dos años mayor que yo— y a mí si queríamos que mi padre se fuera de la casa o se quedara. Nos dijo: no quiero tomar esta decisión sola, quiero saber qué quieren ustedes. La respuesta fue unánime. Así que, de reojo —porque la película estaba buenísima y no quería perdérmela—, alcancé a ver cómo mi papá salía de nuestra historia con un veliz café en la mano. Qué poco tenía que ver ese sujeto con nosotras si la vida toda le cupo en una maleta tan pequeña. Mi madre nos instó a que nos despidiéramos. Le di un abrazo desafectuoso y apresurado en el patio, como si desde entonces hubiera sabido que nada me vinculaba a él, que ese lazo de sangre que supuestamente nos hacía ser padre e hija: familia, permanecería vacío, roto, sin significado.

Mi madre murió en 1989. Una artritis reumatoide consumió y postró en una cama y, finalmente, en un féretro, su cuerpo enfermo de 55 años. Estaba muy consciente de que moriría pronto, por eso quiso que nos mudáramos de Querétaro a Ciudad Valles, San Luis Potosí; por eso decidió que la mejor alternativa que tenía para dejar a sus hijas al cuidado de alguien más era su hermano mayor. Las últimas dos veces que vi a mi padre fue en el funeral de mi mamá y cuando nos buscó porque necesitaba unos papeles para su jubilación: entre más hijos demostrara tener, más pensión le darían.

La vida con mi tío no resultó lo que mi mamá había planeado para nosotras. Él también era un hombre violento. Recuerdo sus golpes, su vigilancia, su coerción: no televisión, no radio, no salir a la calle. Si lo pienso bien, Fernando nos mantuvo prácticamente en cautiverio, encerradas durante un año en la casa en que mi madre murió. Sólo salíamos para ir a la escuela. Yo iba a la secundaria y mi hermana a una academia comercial. Fernando nos lo dejó muy claro: nuestro único futuro era ser secretarias, recepcionistas o empleadas de mostrador.

Una vez nos escapamos para ir a la feria y Fernando nos descubrió. Fue entonces cuando nos ingresó en un internado en León, Guanajuato. Con amenazas nos obligó a firmar un papel en el que aceptábamos permanecer recluidas en ese lugar durante un año. Hablo de reclusión porque aquello, más que un internado, era una suerte de reformatorio con galerones alargados llenos de camas con colchas blancas a rayas negras, que emulaban los barrotes detrás de los que permanecían alrededor de 50 mujeres de entre 12 y 35 años.

No sé de dónde sacamos la rebeldía para hacernos expulsar. Fernando, colérico y mudo, fue a recogernos al internado sólo para llevarnos a la central de León y subirnos en un autobús a Ciudad Valles. Lo vi quedarse en el andén sin saber que ya nunca más lo escucharíamos hablar ni nos sentiríamos intimidadas por sus enojos, castigos y prohibiciones. Sin saber que, apenas una semana más tarde, un infarto lo sacaría de la trama de nuestras vidas.

Mi hermana y yo, de 14 y 12, nos quedamos sin tutor legal y empezamos a vivir al margen del Estado. Ambas, menores de edad, debíamos, por ley, tener alguien que ejerciera nuestra tutela. A falta de esta figura, nos correspondía residir en una casa hogar o centro de asistencia social para niñas del Sistema para el Desarrollo Integral de la Familia (DIF). Como la casa que mi mamá nos había dejado estaba ubicada enfrente de la de Fernando, los vecinos y personas cercanas siempre creyeron que Lupe, su esposa, se había hecho responsable de nosotras. Pero ni padre ni tutor ni Estado.

Mentimos siempre. Todo el tiempo inventábamos un tutor inexistente. Falsificábamos firmas. Conseguíamos a alguien que se hiciera pasar por nuestro pariente a cargo. Así subsistimos hasta los 18.

En algún punto de esos años, Lupe nos entregó unos documentos que Fernando había dejado en su despacho. Esa misma ocasión nos contó que poco antes de la muerte de mi tío, ella se quiso separar y le pidió el divorcio. Él se puso como loco, sacó un arma de quién sabe dónde y se arrodilló ante ella gritando que, si lo dejaba, se iba matar ahí mismo. Dijo que se puso la pistola en la sien.

Hace un par de años, la carpeta que contenía ese archivo reapareció durante mi última mudanza. Tuve que leer varias veces hasta entender las palabras que faltaban, hasta darme cuenta de lo que realmente declara ese oficio: es el Estado pidiéndole al Estado que dos menores de edad fuesen devueltas, para su cuidado y protección, al hombre que había intentado asesinar a la madre de éstas, es decir, a su propio padre.

*

DIF
89-91
COMITÉ MUNICIPAL
CD. VALLES, S. L. P.

A 8 de Septiembre de 1990.

DR. GERMAN GAYTAN GAMBOA
DIRECTOR GENERAL DEL ESTADO
DESARROLLO INTEGRAL DE LA FAMILIA
CALLE PASTEUR N°6
CASA DE ECALA
QUERETARO, QRO.

Muy señor mío:

El que suscribe ALEJANDRO GONZALEZ DUQUE, Abogado, mayor de edad, casado, con el carácter de Subprocurador de la Defensa Del Menor otorgado por el Desarrollo Integral de la Familia del Estado de San Luis Potosí, con residencia en la Ciudad de Valles, S.L.P., ante Usted con el debido respeto comparezco y expongo:

Con el objeto de que Usted se sirva ordenar a quien corresponda canalizar el presente problema familiar que a continuación detallaré, ya que la persona con la cual debemos entrevistarnos tiene su domicilio en la calle de Arteaga #108 Centro de la Ciudad de Querétaro, Qro., agradeciendo de antemano la atención y el buen seguimiento de ésta problemática paso a poner de su conocimiento la siguiente situación:

Me refiero al matrimonio formado por los señores ISIDORO URIBE LOPEZ y la señora MARIA LILIA SANCHEZ PEREZ, ambos lo contrajeron con fecha 17 de Abril de 1974 lo que me permito acreditar con la copia simple de su matrimonio que adjunto a este escrito como anexo #1, del matrimonio antes mencionado procrearon a 2 menores que llevan por nombre XXXX XXXXX URIBE SÁNCHEZ y SARA MARIA URIBE SANCHEZ. Esta familia sufrió una desintegración del hogar en el año de 1979, pues el cónyuge intentó liquidar a su esposa obligándola con violencia a ingerir insecticida, amén de incontables amenazas y golpes y problemas de crueldad excesiva. Posteriormente hicieron un nuevo intento a fines de 1980 y principios del 81 de vivir juntos, más fue imposible y en poco tiempo después se separaron definitivamente. Con fecha 6 de septiembre de 1989 muere la señora MARIA LILIA SANCHEZ PEREZ, dos años antes de su muerte esta persona empezó a sufrir un decaimiento de salud que la obligó a refugiarse en ésta Ciudad de Valles ya que es propietaria de una casa habitación que se encuentra ubicada en la Calle de Galeana y enfrente de ésta vive un hermano de nombre FERNANDO SANCHEZ PEREZ, buscando la protección de él para su menores hijas y de ella misma. En virtud de la indiferencia del padre las menores quedaron bajo resguardo del hermano de la finada y les entregaron una cantidad de dinero para que con los intereses de éste se les estuviera proporcionando lo necesario a las menores y así transcurrió el tiempo de forma normal mientras se iban desarrollando las menores, mismas que empezaron a manifestar una rebeldía extrema, falta de respeto, descuido en su aseo personal, desagrado por las gentes que las rodean, etc.

Es el caso que el señor FERNANDO SANCHEZ PEREZ encargado del resguardo de las menores ya le es imposible controlarlas por lo que se vio en la necesidad de acudir a ésta Dependencia de Asistencia Social a manifestar que previamente hizo un intento de internar estas criaturas y poder disciplinarlas, fracasando con ello ya que no duraron ni 24 horas en el internado cuando ya habían armado un desorden total que fueron expulsadas. El señor FERNANDO SANCHEZ PEREZ solicitó nuestra ayuda con el objeto de depositarle al padre señor ISIDORO URIBE LOPEZ las menores, por lo que solicitamos a Usted atentamente se avoque a éste problema con el fin de integrar a las menores con su verdadero padre y en caso de ser necesario se agoten los medios legales para obligarlo a cumplir con su obligación de padre, esperando instrucciones de cuándo se pueden presentar físicamente las menores para su depósito con la persona antes citada.

Esperando su colaboración y quedando a sus ordenes para casos análogos, me despido de Usted, como su atento y seguro servidor.

Atentamente

LIC. ALEJANDRO GONZALEZ DUQUE.
SUBPROCURADOR DE LA DEFENSA DEL MENOR.

L'AGO/sct

*

Confieso, con vergüenza, que muy tarde en mi vida comencé a pensar en las mujeres muertas a causa de la violencia feminicida. Las estadísticas del INEGI más recientes arrojan que el 62.7 % de las mujeres de 15 años o más han padecido por lo menos un incidente de violencia. Y llegué mucho más tarde aún a pensar sus cuerpos como una extensión del propio, como cuerpos que me / nos conciernen. Siete mujeres son asesinadas al día en México. Era 1993, cuando se cometieron los primeros feminicidios en Ciudad Juárez, yo estaba por cumplir 15 años y esa ciudad del norte y sus muertas eran un sitio ajeno, lejanísimo; no entendí cómo ese territorio se comunicaba con el lugar donde yo vivía: fui incapaz de construir una relación ética y afectiva entre los cuerpos de esas mujeres y el mío.

Fue la guerra la que me hizo pensar y dolerme acerca de los cuerpos muertos por violencia, pero mirando ya siempre de forma específica los de las mujeres. Fue una mujer en particular. Una sin identificar, hallada en una banqueta, junto a un árbol, boca abajo y desnuda, con un cartel que contenía lo que parecía ser un mensaje del narco y una rosa en la espalda. Las fotografías mostraban el cuerpo en el sitio de su localización. Fraccionado de manera impecable en cada una de sus articulaciones: cuello, hombros, codos, muñecas, caderas, ingles, rodillas, tobillos. Y luego, en la morgue, sobre la plancha, la reproducción exacta del modo en que fue colocado para su descubrimiento. Sin saber su nombre pensé y sigo pensando en esa mujer desconocida, en la imagen de su cuerpo desarmado y rearmado.

«No sabía que a una mujer podían matarla por el sólo hecho de ser mujer, pero había escuchado historias que, con el tiempo, fui hilvanando», escribe Selva Almada en *Chicas muertas*, como preludio a los casos de mujeres asesinadas y desaparecidas que la narradora argentina rastrea, indaga y desmenuza a través de una prosa incisiva y doliente. «Nunca nos dijeron que podía violarte tu marido, tu papá, tu hermano, tu primo, tu vecino, tu abuelo, tu maestro. Un varón en el que depositas toda tu confianza». Un varón o un Estado en el que depositas toda tu confianza. Mientras creces, nadie te dice a bocajarro y con certeza: tu vida correrá peligro, tu existencia estará amenazada siempre, en sitios públicos o en tu propia casa, a altas horas de la noche o al mediodía, con cualquier tipo de ropa, usando maquillaje o sin él; estarás expuesta y serás vulnerable de ser acosada, violada, desaparecida, traficada, torturada, muerta por individuos desconocidos o cercanos a ti, individuos que en la mayoría de los casos saldrán impunes: muerta sólo porque eres mujer.

*

Para escribir este texto tuve que volver al documento. Decidí transcribirlo porque me percaté de que cada vez que lo leo es como si lo hiciera por primera vez. Como si las anteriores ocasiones no lo hubiera hecho bien. Como si al acabar de leerlo lo desleyera.

Hay términos de ese oficio en los que pienso obsesivamente. «Liquidar», por ejemplo. ¿Por qué el redactor usó ese verbo y no matar o asesinar? Consulto el diccionario y es hasta su acepción número nueve, la coloquial, que aparece el significado de «desembarazarse de alguien, matándolo». La diez, también de uso informal, dice «acabar con algo, suprimirlo o hacerlo desaparecer».

«Crueldad excesiva». La definición del primer vocablo refiere a inhumanidad, a barbarie. La del segundo implica la acción de propasarse, de ir más allá de lo lícito o razonable. ¿Por qué el redactor colocó ese adjetivo, ese peso extra sobre ese sustantivo? ¿Qué significaron estas dos palabras juntas en el cuerpo de mi madre?

*

Trabajé diez años en el sector público. Primero como jefa del archivo histórico de Tampico y luego como jefa de espacios culturales del Instituto Tamaulipeco para la Cultura y las Artes. Sé, de primera mano, cómo es el interior de la burocracia. Cada petición, cada trámite, cada oficio, cada memorándum es ignorado si no se acompaña del seguimiento de quien desea que dicha solicitud se efectúe. Pero no se trata de darle continuidad con una simple llamada, si una quiere que salga un pago, que se realice una compra o que se diseñe un simple cartel para un evento cultural, una tiene que armarse de paciencia porque no será una, sino cinco o diez veces más las que tenga que volver a pedir aquello que ya solicitó a través de un documento membretado. Recuerdo que en el archivo histórico tardé casi dos años, enviando un oficio cada semana a mi jefe inmediato, en conseguir que revisaran y compraran nuevos extintores para fuego: sí, en un archivo histórico.

Con la muerte de Fernando no hubo quien le diera continuidad a un documento que seguramente permaneció guardado durante un tiempo considerable en el archivo de trámite y luego en el de concentración, para, finalmente, ser depurado. Es una ironía por donde se le mire: la ineficiencia del Estado nos salvó del propio Estado. Porque, en todo caso, imaginemos que Alejandro hubiera sido un funcionario crítico y ético y hubiera determinado que Isidoro no era una persona apta para hacerse cargo de dos niñas, lo que hubiese correspondido en ese caso era ser remitidas a un orfanato o centro de asistencia social del DIF. Esto hubiera implicado sus propias problemáticas. Muchas de las narraciones de personas internas en ese tipo de instituciones describen castigos y restricciones desproporcionadas, además de violencia física y sexual como parte de la cotidianeidad de su funcionamiento.

Cuando en 2014 salió a la luz la historia del albergue para niños y adolescentes, huérfanos e «incorregibles», llamado «La gran familia» en Zamora, Michoacán, que era administrado por Rosa Verduzco, «Mamá Rosa», y en el que se cometieron perversión de menores, privación ilegal de la libertad, maltrato físico, psicológico y sexual, entre otros delitos; cuando en 2017 leí los reportajes acerca de las 41 niñas y adolescentes muertas en el incendio del centro de acogida para menores Hogar Seguro Virgen de la Ascensión en San José Pinula, Guatemala, dependiente de la Secretaría de Bienestar Social de la Presidencia y en el cual se perpetró violencia feminicida, no pude evitar pensar que alguno de esos relatos habría sido el mío si hubiera permanecido en aquel internado-reformatorio o ingresado a una casa hogar del DIF.

Frente a la disyuntiva de violentada o muerta a manos de mi padre o violentada o muerta a manos del Estado, mi mejor opción fue que el Estado me abandonara. Pasar inadvertida ante éste hasta cumplir la mayoría de edad. Crecer sola, sin tutela. Vivir en sus orillas, en sus grietas y vericuetos. Huir del Estado para poder sobrevivir.

*

Cuando Marina Menegazzo, de 21 años de edad, y María José Coni, de 22, turistas argentinas, fueron atacadas sexualmente y asesinadas en Ecuador en 2016, se dijo en titulares, noticieros, tuits y conversaciones que las dos chicas viajaban solas. Solas.

Como si no se hubiesen tenido una a la otra. Como si no se hubiesen tenido a sí mismas. Como si para viajar acompañada hicieran falta más personas. Varones. Un varón. Si un hombre hubiera viajado con ellas, para el decir público, no habrían viajado solas. Pero lo cierto es que tanto ellas, como nosotras todas, vamos siempre solas, solas de Estado. Como escribiera Cristina Rivera Garza: «Dos mujeres solas de Estado sobre la carretera por donde avanza el ejército».

[Me dice mi editora que apresuro el final. Es cierto. Aquí debería ir un párrafo que sirviera de puente, que apuntalara la tensión hacia el cierre. Sin embargo, llevo dos o tres semanas intentando volver al texto y no me es posible entrar en él. No quiero leerlo en mucho tiempo. Esta escritura me quebró de maneras que no vi venir. Me dice Daniela Rea que valdría la pena preguntarme qué es lo que quiero interpelar desde esa niña de 12 años o desde mi yo de 40. Leo dos definiciones de la palabra interpelar: *1. Requerir, compeler o simplemente preguntar a alguien para que dé explicaciones sobre algo o para que cumpla una obligación; 2. Implorar el auxilio de alguien o recurrir a él solicitando su amparo y protección*. Entonces no. No interpelo en la primera acepción. No hay, cabalmente, ante quien hacerlo. Quizá sólo, si pudiera, me gustaría decirles a mi madre y a esa Sara de 12 años que no están solas. Es decir, que sí lo están, pero que también se tienen a sí mismas. Se los digo a ellas y me lo digo también a mí. Me doy cuenta de que a quien estoy interpelando, en el segundo sentido de la palabra, es, en efecto, a mí.]

Mujeres solas de Estado buscando a sus madres, hijas y hermanas desaparecidas, justicia para sus muertas. Mujeres solas de Estado con otras mujeres solas de Estado, hilvanando estrategias y redes para salvarse a sí mismas, para interpelarse: ampararse y protegerse, entre sí.

§

Tsunami se
terminó de imprimir
en el mes de noviembre de 2019
en los talleres de Litográfica Ingramex,
S.A. de C.V., Centeno 162-1,
Granjas Esmeralda, C.P.
09810, Ciudad de
México

§